新型二级学院特色专业

教学改革与创新

主　编○朱超平　杨永斌　胡卫军

中国·成都

图书在版编目(CIP)数据

新型二级学院特色专业教学改革与创新/朱超平,杨永斌,胡卫军主编.—成都:西南财经大学出版社,2021.5
ISBN 978-7-5504-4680-9

Ⅰ.①新… Ⅱ.①朱…②杨…③胡… Ⅲ.①高等学校—学科建设—研究—重庆 Ⅳ.①G642.3

中国版本图书馆 CIP 数据核字(2020)第 241816 号

新型二级学院特色专业教学改革与创新
主编 朱超平 杨永斌 胡卫军

责任编辑:李晓嵩
责任校对:杜显钰
封面设计:何东琳设计工作室
责任印制:朱曼丽

出版发行	西南财经大学出版社(四川省成都市光华村街 55 号)
网　　址	http://cbs.swufe.edu.cn
电子邮件	bookcj@swufe.edu.cn
邮政编码	610074
电　　话	028-87353785
照　　排	四川胜翔数码印务设计有限公司
印　　刷	四川五洲彩印有限责任公司
成品尺寸	170mm×240mm
印　　张	9
字　　数	161 千字
版　　次	2021 年 5 月第 1 版
印　　次	2021 年 5 月第 1 次印刷
书　　号	ISBN 978-7-5504-4680-9
定　　价	68.00 元

前　言

高等教育是在学生完成中等教育的基础上进行的专业教育和职业教育，是培养高级专门人才和职业人员的主要社会活动。高等教育机构通常包括以高层次的学习与培养、教学、研究和社会服务为其主要任务和活动的各类教育机构。20 世纪后半叶是高等教育发展史上不寻常的扩展和质变的阶段，社会对高级专门人才需求的迅速增长以及个人对接受高等教育的迫切需要，使得高等教育以前所未有的速度发展，迅速地从精英教育走向大众化教育。2019 年，中国各类高等教育在学总规模达 4 002 万人，高等教育毛入学率达 51.6%。截至 2020 年 6 月 30 日，全国高等学校共计 3 005 所，其中普通高等学校 2 740 所，含本科院校 1 272 所、高职（专科）院校 1 468 所；成人高等学校 265 所。我国高等教育总规模已超过美国，跃居世界第一位。建设高等教育强国，其核心是培养高质量的人才，其关键是建立先进的高等教育体系。因此，任何一所大学都必须始终把教学质量和办学水平摆在学校工作的中心地位，积极开展教育教学研究，大胆进行教学改革与创新实践，努力提高人才培养质量。

重庆工商大学人工智能学院是重庆市新型二级学院建设学院，2008 年成为重庆市授牌的“软件人才培养基地”。该学院的计算机科学与技术专业是新型二级学院重点建设专业，具有 27 年专业建设历史；2012 年设立金融信息化特色实验班，培养具有金融特色的软件工程人才；2018 年成为重庆市大数据智能化特色专业；2019 年成为重庆市一流专业，并开始申报专业工程认证和国家级一流专业。人工智能学院建有智能感知与区块链金融、电子商务及供应链系统、微纳系统技术及智能传感重庆市重点实验室，建有重庆市检测控制集成系统工程实验室、微纳传感与智能生态物联网重庆市 2011 协同创新中心等教学科研平台，形成了智能信息系统与大数据分析处理、电子商务、移动支付、财会电算化、智慧金融和智能商务等特色研究方向。近年来，人工智能学院不断深化产教融合，在智能感知与区块链金融、移动支付、财务共享、智能生态物联网等领域的技术创新和人才培养取得了丰硕的成果，形成了一系列教学改革与创新成果。

教学改革和创新主要包括教学内容、教学方法和教学手段的改革与创新以及教师教学能力的提升。教学质量评估要建立教学质量标准体系，完善教学质量管理制度，在教学态度、授课内容、讲课方法、教学效果和教学研究等方面进行全面评估。要培养出合格的高素质的人才，学校就要坚持并加强德育教育。本书汇集了重庆工商大学人工智能学院教师2019—2020年的教育教学改革与创新研究成果，从教学内容、教学方法、教学手段和课堂管理等方面，分享了教师们在教学改革和创新中的方法与经验，主要探讨大数据智能化特色类专业、计算机一流专业的核心课程的教育教学改革与创新等内容。本书旨在为高校教师提供交流、分享和迁移学习的渠道，提升教师的教学改革能力，营造分享、交流、互助的教学气氛，希望对广大高校教师有所帮助。

本书的编写得到了重庆市检测控制集成系统重庆市工程实验室的支持，得到了重庆市高等教育教学改革研究项目“工程教育专业认证和新工科背景下的计算机类专业人才培养模式改革与实践”(项目编号：203424)、重庆工商大学教育教学改革研究项目“新工科背景下大数据智能化特色专业人才培养质量评价体系研究与实践”（项目编号：2020112)、“数据结构”综合实训教学改革项目［教育部2017年第二批产学合作协同育人项目(安博教育)］(项目编号：201702097010)、重庆市教育科学“十三五”规划项目“新工科背景下产学研协同创新计算机专业培养机制的研究与实践”（项目编号：2018-GX-348）的资助。此外，本书在写作过程中参考了其他专家、学者的大量研究成果，在此编者表示衷心的感谢，也感谢重庆工商大学人工智能学院的大力支持。由于撰稿时间仓促，加之编者水平有限，书中出现错误与不足之处在所难免，恳请各位专家、学者批评指正。

编　者

2021年1月于重庆

目　录

“工程教育认证+新工科”建设背景下地方高校计算机类专业实践教学体系建设研究

——以重庆工商大学计算机类专业为例①

杨永斌　朱超平

摘　要：工程教育认证和新工科是当前我国高等工科教育的热点，在此背景下，人才需求与培养目标有了新的要求。本文从工程教育专业认证与新工科建设出发，分析了传统计算机类专业人才培养现状与不足，之后以重庆工商大学计算机类专业为例介绍了计算机类专业实践教学体系的构建。近三年的实践证明，该实践教学体系增强了学生的实际动手能力，学生就业能力得到明显提升。

关键词：工程教育认证；新工科；人才培养模式；实践教学；人才培养

一、前言

在我国高等教育中工程教育占有重要的地位。深化工程教育改革、建设工程教育强国，对支持和服务我国经济转型升级意义重大。2016 年 6 月，《华盛顿协议》② 组织接纳中国为第 18 个正式成员，我国工程教育专业认证体系实现国际实质等效，为深化工程教育改革提供了良好的契机。

---

① 基金项目：2020 年重庆市教改项目（项目编号：203424），2016 年重庆市教育科学“十三五”规划项目（项目编号：950517005）。

② 《华盛顿协议》是工程教育本科专业学位互认协议，其宗旨是通过多边认可工程教育资格，促进工程学位互认和工程技术人员的国际流动。

目前，国家正在推动创新驱动发展，实施“一带一路”倡议和“互联网+”“网络强国”等重大战略，制造业智能化的趋势方兴未艾。装备的智能化升级、智能工厂的兴起已经成为制造业升级的重要趋势。以新技术、新模式、新业态、新产业为代表的新经济蓬勃发展，大数据、人工智能等不断出现。社会上不仅面临着相关人才严重紧缺的问题，而且对传统工程问题的解决提出了新的挑战，对工程科技人才提出了更高的要求，工科不得不被重新审视。随着时代的变迁、社会的进步，新工科呼之而出、应运而生。在新工科背景下，人才需求与培养目标有了新的要求，为了更好地顺应时代的发展，我们必须加快发展新工科专业，更新改造传统工科专业。计算机科学在其他学科专业中起着重要作用，计算机类专业人才培养迫切需要进行改革与创新。

二、工程教育专业认证与新工科建设

工程教育认证是实现工程教育国际互认和工程师资格国际互认的重要基础，是国际通行的工程教育质量保证制度。1992 年，建设部启动了对建筑学、城市规划等 6 个专业的评估，由此开启我国工程教育认证的探索工作。2005 年，国务院批准成立全国工程师制度改革协调小组。2006 年，该协调小组成立了教育部全国工程教育专业认证专家委员会。2012 年，教育部主导筹建中国工程教育认证协会，该协会成为中国科协的团体会员。2013 年，我国加入《华盛顿协议》，成为预备会员。2016 年 6 月，中国被《华盛顿协议》组织接纳，成为第 18 个正式成员。中国工程教育认证协会负责我国工程教育专业认证的组织工作，由专门的职业协会（学会）与该领域的教育工作者一起针对高等教育中的工程类专业开展合格评价。

成果导向、以学生为中心、持续改进是工程教育专业认证遵循的三个基本理念。成果导向教育已被美国工程教育认证协会全面接受并将其贯穿工程教育认证标准的始终，成为美国、英国、加拿大等国家教育改革的主流理念。以学生为中心，要求认证标准中的全部条款都聚焦于学生，专业所提供的服务都必须围绕学生这个中心展开。专业建设要根据学院及专业的情况和特点制定科学合理的培养目标，再将其细化为所有专业学生应当达到的毕业要求，通过课程设置、资源配备、学生服务等各方面培养合格的毕业生。持续改进理念贯穿工程教育专业认证的全过程。工程教育专业的持续改进效果取决于学校教学质量管理体系的完整性和有效性。

新工科是一个动态变化、不断发展的概念，国家战略、产业发展对工程人才的需求均是动态变化的。新工科旨在培养能够适应甚至引领未来工程需求的人才，这同时也是工程教育认证教育模式下人才培养的目标。通过研究产业发展特征及规律，把握新经济发展对工程人才的需求，调整新工科专业结构及布局，应该成为高校新工科建设中的一项常态性工作。新工科对教育的要求与工程教育认证遵循的基本理念（成果导向、以学生为中心、持续改进）是一致的。

三、传统计算机类专业人才培养的现状与不足

（一）培养目标、毕业要求以及课程设置问题

专业认证要求培养目标准确合理，毕业要求具有足够的分辨率，并能够完整支撑培养目标，同时课程体系能够有效分解并合理承载各项毕业要求，三者须保持一致。目前，国内很多高校在计算机类专业课程设置上都存在不合理的地方，很多普通高校常常以重点高校的教育课程体系为参考，对“互联网+”这条主线的发展趋势欠缺融合，忽略了顺势而教和因材施教，导致教学内容、工程教育认证与计算机类专业人才培养的脱节。例如，“大数据分析与处理”课程的教学内容设计不够新颖，与社会联系紧密的大数据技术在课程教学中没有得到体现。目前，重庆工商大学人工智能学院计算机类专业在培养目标、毕业要求及课程设置上还需完善。

（二）质量保障问题

专业认证要求具备完善的教学管理规章制度及评估机制。目前，重庆工商大学人工智能学院计算机类专业人才培养质量保障体系存在的问题如下：在实际运行过程中过于重视学生理论知识的学习和考试成绩，不够重视对工程实践能力的培养；评价指标不够全面，缺乏具有特色的评价指标，且由于评估的复杂性，通常以定性评价为主，定量分析所占比重较低；现有人才培养质量评估体系中，基本没有行业企业参与。

（三）持续改进问题

由于技术产业不断变化，专业必须具有不断改进的能力。目前，在重庆工商大学人工智能学院计算机类专业人才培养方案制订及修订过程中，主观性成分所占比重较高，来自企业及毕业生的反馈信息缺乏，导致决策存在一定程度的盲目性。

（四）重视理论，忽略实践问题

在计算机类专业课程的教学过程中，受传统理论及观念影响，各高校普遍重视理论知识以及课堂教育，而忽略了课外指导和实践课程，实践教学一般包括课外作业、课程设计、实验操作以及毕业设计或毕业论文等方面。但是，就目前的情况来看，大部分高校将课堂理论设定为教学任务的重点，而对实践教学不够重视，甚至是一带而过，草草地结束了实践教学。部分教师的教学观念出现偏差，导致专业学科布局不合理，而且教学手段不科学，使得培养出来的学生大部分只能“纸上谈兵”，缺乏实践经验，更难满足工程教育认证和新工科背景下的人才需求。

（五）考核制度有待改革

在传统教学理念的影响下，部分高校的考核制度还有待改革与完善。计算机类专业对学生的考核制度一般是将基础理论知识成绩与实验考核成绩相结合，但是过于重视基础理论知识成绩，而忽略了实践考核。对于实践性较强的计算机类专业而言，这样的考核制度并不合理，只会让那些重考分、轻能力的学生名列前茅，忽视了对学生实践应用能力的培养。

四、重庆工商大学计算机类专业实践教学体系的构建

（一）设立“双学院”育人机制，打造大数据智能化类创新型人才培养模式

《新一代人工智能发展规划》是为抢抓人工智能发展的重大战略机遇，构筑我国人工智能发展的先发优势，加快建设创新型国家和世界科技强国，按照党中央、国务院部署要求制定的。重庆工商大学为了适应人工智能技术的发展，培养适应新经济、新业态的工程应用型人才，于2017年设立人工智能学院，并先后与重庆西部大数据前沿应用研究院和南京云创大数据科技股份有限公司等签订战略合作协议，共建人工智能学院。2018年，人工智能学院与印度国家信息技术学院（NIIT）协同共建重庆市新型二级学院获准立项建设。2019年，人工智能学院与重庆市系统集成检测实验室共同申报了重庆市协同创新中心。计算机科学与技术专业坚持重庆工商大学“质量立校、特色兴校、人才强校”的办学思想以及新工科与经管类学科协调发展的办学理念，依托重庆工商大学计算机科学与信息工程学院和人工智能学院，通过校企协同，创立“双学院”创新型智能化人才培养新模式，培养“宽口径、厚基础、强能力、

重个性、广视野、求创新”以及具有工程实践能力的应用型、复合型、高素质、智能化类计算机专门人才。

（二）构建三段式大数据智能化类课程框架

重庆工商大学以新工科理念为指导思想，以工程认证为目标，强化以工程应用型人才培养为导向的学科专业建设。重庆工商大学从大学科和交叉学科层面上构建计算机、物联网、大数据技术和人工智能课程群，全面系统地设计了专业的知识体系、课程体系与实践教学体系；把思政教育与职业教育贯穿专业课程建设，把大数据智能化类课程融入课程体系，把校企协同育人平台作为实践教育基地，制定了三段式计算机应用型人才培养的课程框架，构建了体现学科优势和专业特色的“三个研究方向+十大教学模块”的课程体系，既达到了大数据智能化类人才培养的基本要求，又体现学科专业特色和个性化的需求，有力支撑了“宽口径、厚基础、强能力、重个性、广视野、求创新”的人才培养目标达成度（见图1）。

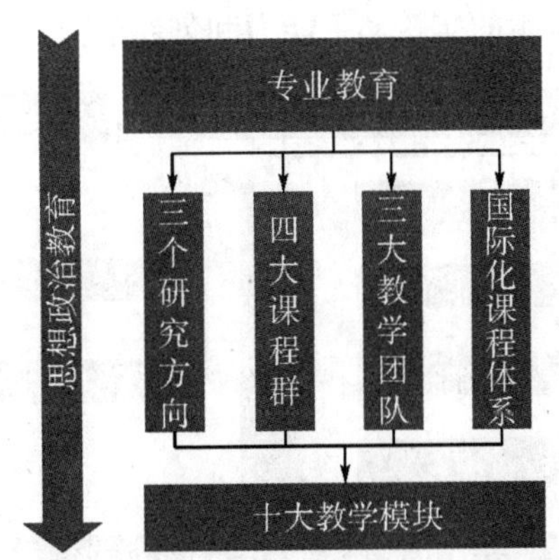

图1　大数据智能化类计算机特色专业课程框架

（三）校企协同构建“思想政治教育+专业教育+实践教育”三段式课程体系

重庆工商大学在计算机专业教育过程中，全面融入思想政治教育，培养学生的道德情操和社会主义核心价值观。特色学生社团“小红帽”家电维修协会义务维修30年，被评为重庆市感动校园团队，其事迹被《人民日报》《重庆日报》、人民网等众多媒体报道。

在专业教育中，重庆工商大学以新工科理念为指导思想，紧跟大数据智能化的最新发展趋势，全面融入物联网、大数据和人工智能课程，进行交叉学科建设，形成“三四三体系”，即三个研究方向（人工智能、大数据技术和计算机应用），四大课程群（物联网工程、大数据技术、计算机科学和人工智能），三大教学团队（大数据教学团队、人工智能教学团队和计算机教学团队）。重庆工商大学加强国际化办学，全面引入NIIT课程团队、课程体系，实施师资共享的专业合作模式；与加拿大劳瑞尔大学签订教育资源和课程体系共享协议；与美国阿肯色大学小石头城分校在大数据技术和人工智能技术方面的研究、人才培养方面签订战略合作协议，形成了多学科融合、产教融合、国际化的课程体系特色，构建了校企联合、校际交流、国际合作的多元化培养模式，促进学生知识、能力、素质协调发展。

在实践教学中，重庆工商大学遵循“注重基础、强化训练、加强综合、培养能力、应用创新”的原则，不断完善“三层次、五模块”实践教学体系，将产、学、研结合作为主线，贯穿实践教学体系，体现大数据智能化类计算机特色专业的办学优势，夯实学生的工程应用基础和培养创新精神，提升学生的实践动手能力和创新能力（见图2）。

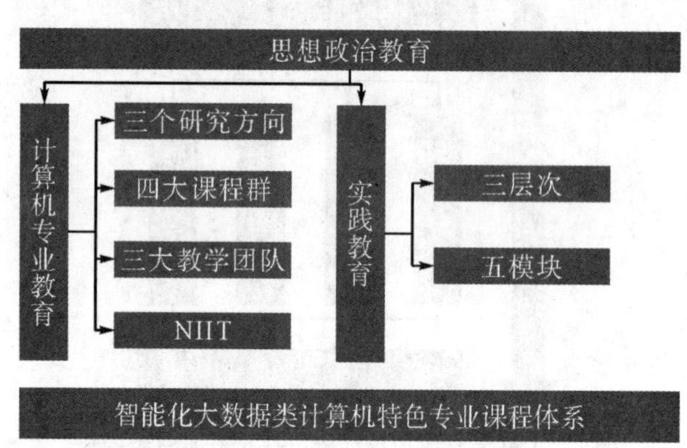

图2　“三段式”全程化“智能”课程体系

（四）校企协同构建立体式协同育人机制

重庆工商大学与企业和研究院等单位进行多方协同，践行校企之间人才与知识双向迁移，在人才培养方案、课程设置、学生选拔、导师选派、科研课题、考核评价以及就业指导等方面进行合作。重庆工商大学建立了四协同育人机制，即培养目标协同、教师队伍协同、资源共享协同、管理机制协同，全面加强产教融合，推进学校与实务部门、科研院所、行业企业合作办学育人与取得发展。重庆工商大学不断开展实践教学创新，有重点地在产教融合、“政产学研用”多元结合、实践基地建设等方面开展理念和模式创新，取得了突出成效。

重庆工商大学依托重庆市协同创新中心和四个省部级科研平台的优势，积极申请教育部协同育人项目，建设协同育人实践基地和协同育人创新实验平台，实现专业共建、师资共培、课程共创、项目共研、就业共助、资源共享的立体式协同育人机制，充分体现产教融合、协同育人教育理念，建立了长效的协同育人机制，实现了合作共赢的人才培养新机制（见图3）。

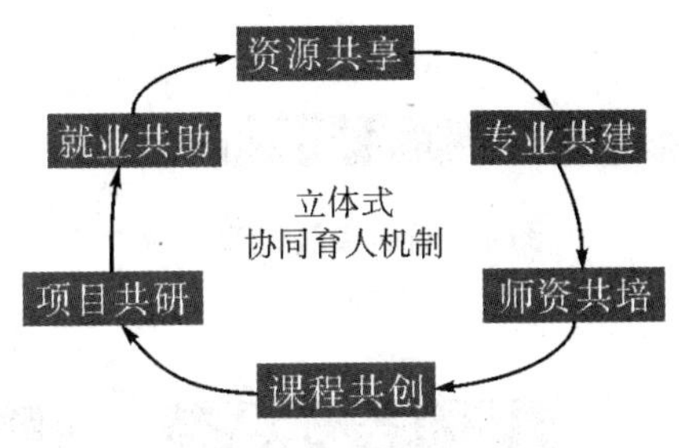

图3　立体式协同育人机制

（五）打破时间与空间限制，校企协同共建“科学研究+学科竞赛+校内实习实训+校企联合”四级实践教育平台及教学体系

重庆工商大学依托人工智能研究院，成立“11123 平台”，即 1 个重庆工商大学院士专家工作站、1 个国家级科技合作基地、1 个协同创新中心、2 个重庆市级教学示范中心、3 个重庆市重点实验室；建设了“111 综合实训室”，即 1 个大数据综合实验室、1 个人工智能综合实验室和 1 个计算机虚拟仿真实验室；建立了 30 个协同育人基地。重庆工商大学构建了全方位的“大商科+人工智能+计算机科学”教学实验体系，搭建了校企协同的“科学研究+学科竞赛+校内实习实训+校企联合”四级实践教育平台，为开展具有深度的实践教学提供了保障（见图4）。

重庆工商大学构建了科研项目、学科竞赛、校内实习实训和校企协同育人四级创新实践教学基地，形成了基于“知识→技能→应用→创新”的实践教学完整链条，为智能化大数据类计算机专业人才实践教学提供了保障（见图5）。重庆工商大学依托人工智能科研团队科研项目，支持学生创新创业；利用计算机综合教学平台、大数据实验平台、人工智能实验平台和计算机虚拟仿真实验室，构建空中教学课堂，突破时间和空间的限制；建设校企协同育人平台，举办了多层次、多元化创新创业项目培训；积极参加不同级别、不同类别的学科竞赛，实现学生工程应用能力的提升。

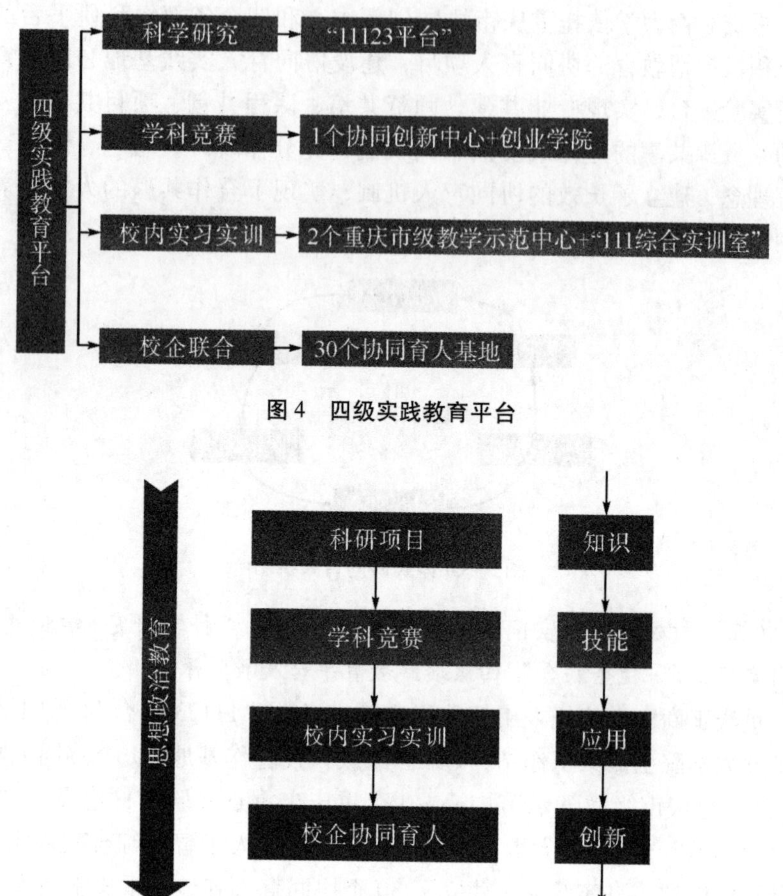

图4　四级实践教育平台

图5　四级创新实践教学基地

五、结语

实践教学的改革特色主要体现实践教学设计思想等方面的变革。在早期，重庆工商大学主要开展了一些验证性的实验，注重验证学生所学的知识。随着实践教学改革的不断深化，团队教师逐渐开展了一系列难度不同的综合性、设计性、创新性实验，更加注重学生潜力的开发、创造性思维的培养、动手能力的提升。

重庆工商大学人工智能学院先后与甲骨文（Oracle）公司、惠普公司、创思特科技公司、安博培训机构等企业联合办学，共建了多个学生实习实训基地；与台湾英业达科技有限公司、深圳英蓓特信息技术有限公司等企业建立了多个联合共建实验室。除此之外，重庆工商大学人工智能学院还依托重庆工商大学决策支持系统集成研究所、模式识别与信息处理研究所、智能控制研究所等加大学生的实验实训力度，努力提升学生的实际动手能力，近年来学生的就业率得到明显提高。

参考文献：

［1］彭晏飞，张全贵. 新工科背景下计算机类专业多元化实践教学体系改革研究［J］. 实验技术与管理，2019（11）：222-224.

［2］李辉，张标，张晓东. 面向工程教育专业认证的本科计算机实践教学体系改革与探索［J］. 高等农业教育，2018（2）：75-79.

［3］李玲玲，赵学民. 工程教育专业认证背景下的计算机专业人才培养模式探索［J］. 郑州航空工业管理学院学报（社会科学版），2013（6）：181-184.

［4］杨弘平，王庆利，孙宪丽，等. ABET 工程教育认证对计算机专业教学的启示［J］. 沈阳工程学院学报（社会科学版），2015，11（3）：416-419.

［5］罗卫兰，骆健，王海艳. 基于专业认证的计算机专业课程体系改革［J］. 中国电力教育，2014（30）：54-55.

［6］颜锦，刘春群，何应勇. 新本科院校电子信息专业实践教学体系的弊病与重构探讨［J］. 当代教育实践与教学研究，2016（1）：229-230.

［7］任海伟，陈晓前，张轶，等. 以工程教育专业认证为导向的食品科学与工程专业课程体系研究与实践［J］. 粮油加工，2014（8）：71-74.

［8］罗代忠，王月浩，汪维华，等. 计算机工程实验教学中心建设的探索与实践［J］.实验技术与管理，2013（9）：118-121.

［9］韩凤霞，郑军. 基于工程教育专业认证的工程训练教学的改革［J］. 实验技术与管理，2015（10）：178-181.

大数据智能化类特色专业人才培养质量评价指标体系研究①

朱超平　杨永斌

摘　要：重庆工商大学计算机科学与技术专业是重庆市一流专业和大数据智能化类特色专业，如何构建特色专业人才培养质量评价指标体系是开展评价的重要前提。本文通过分析 CIPP 模型在特色专业人才培养质量评价指标体系中的重要意义，按照 CIPP 的循环动态运行机制，制定计算机科学与技术专业人才培养质量评价指标体系，构建人才培养质量评价指标体系模型，为大数据智能化类特色专业人才培养质量评价提供了较好的方法和途径。

关键词：大数据智能化；CIPP；质量评价；指标体系

为了提高重庆市大数据智能化类特色专业建设水平、彰显专业特色，促进专业内涵式发展、特色式发展，进一步培育和凝练专业特色，切实加强专业人才培养，提高专业人才培养质量，重庆市多所高校获批大数据智能化类特色专业建设项目。因此，探讨建设大数据智能化类特色专业的人才培养质量评价指标体系具有重要意义，也是特色专业提高人才培养质量的重要保证。

人才培养质量评价模式众多，如何选择和构建人才培养质量评价指标体系，首先要解决的问题就是如何评价。由背景评价（Content Evaluation）、输入评价（Input Evaluation）、过程评价（Process Evaluation）、结

① 基金项目：教育部科技发展中心产学研创新基金项目（项目编号：2018A02049），重庆工商大学重点开放项目（项目编号：KFJJ2019106），重庆市教育教学规划项目（项目编号：2018-GX-348），重庆工商大学教育教学改革与研究项目（项目编号：2020112），2020 年重庆市级教改项目（项目编号：203424）。

果评价（Product Evaluation）构成的CIPP模型是美国学者斯塔弗尔比姆（Stufflebeam）在对泰勒的行为目标模式进行反思的基础上提出的，它以项目本身作为分析对象，主要由四项评价活动组成。这四项评价活动为决策者从不同的角度提供评价信息。CIPP模型的优点如下：第一，不以决策为导向，评价不受限于目标的达成程度，而受限于整个过程；第二，重视评价的改进功能；第三，实施灵活，评价者可以采取不同的评价策略；第四，突破了泰勒模式的框架，突出了评价的发展性功能，整合了诊断性评价、形成性评价和终结性评价，从而拓宽了评价的范围。本文选用CIPP模型，将背景评价、输入评价、过程评价、成果评价作为计算机科学与技术专业人才培养质量评价的一级指标，分别对四个方面进行深入挖掘与分析，同时在每个方面构建细化指标，并将其作为二级指标。

一、计算机科学与技术专业人才培养目标定位

重庆工商大学计算机科学与技术专业人才培养目标为培养高尚的道德品质、良好的职业操守和社会责任感，适应西部经济建设和我国信息技术行业发展需求的工程应用型专业人才，使其具有数学与自然科学基础知识、计算机科学与技术的学科基本理论、专业知识、良好的科学和工程开发素养；能够在信息技术行业或企事业单位特别是在智能商务行业的信息化部门从事技术研究、数据分析、产品研发、技术管理、系统实施与维护工作；具备解决复杂工程问题的能力；能够持续学习以适应行业的不断发展变化。

由上述培养目标可见，计算机科学与技术专业主要培养具有以下目标的大数据智能化类特色专业人才：第一，身心健康，具备良好的人文素养、职业操守和社会责任感；第二，系统掌握计算机科学与技术专业基础理论知识、专业核心知识和专业实践技能，能综合考虑工程与社会、法律与法规、环境与经济等因素，运用专业知识和技能分析问题并提出解决方案；第三，在面对复杂工程应用的环境时，按照计算机工程技术规范，具备创新意识，运用相关知识和技术解决工程应用问题；第四，具备团队协作和团队管理能力，能够在多学科团队或跨文化环境中工作，并发挥有效作用；第五，具有国际视野，能够通过各种渠道持续学习、自我更新知识、提升能力，适应软件工程领域的技术发展和职业变化。

二、人才培养质量评价指标体系构建

（一）背景评价

背景评价主要是评价计算机科学与技术专业的社会影响。对计算机科学与技术专业社会影响评价的目的是评估计算机科学与技术专业的办学水平、教学质量和就业质量，以评价该专业在就业市场中处于什么地位，是否具有企业认可度、社会知名度和工程教育认证等内容。

1. 企业认可度评价

重庆工商大学的计算机科学与技术专业根据学生在职场中的表现，结合重庆市企业调查反馈情况，确定计算机科学与技术专业在信息类企业建设中的认可度。通常，计算机科学与技术专业培养的是从事软硬件开发工作的高级专门人才，大数据智能化类特色专业建设需要在计算机中融入大数据技术和人工智能等相关课程。在这一背景下，培养既具有计算机科学与技术专业知识和能力，又具有大数据和人工智能知识与技术的复合型专门人才，满足重庆市大数据产业和智能经济建设对计算机科学与技术专业人才的迫切需要，是大数据智能化类特色专业建设面临的机遇和挑战。重庆工商大学于 1993 年开设计算机科学与技术专业，在全国范围内本科一批次招生，拥有优越的办学条件和强大的师资力量，特别是在四川、河南、福建、海南等地，学生踊跃报名，本科毕业生从事计算机软硬件开发、营销和维护等工作，深受信息化行业企业的认可。

2. 社会知名度评价

重庆工商大学的计算机科学与技术专业是重庆市一流专业和大数据智能化类特色专业。该专业自开设以来，从人才培养目标的确定、人才培养方案的制订到人才培养的过程以及毕业生的就业都得到了重庆市相关企业、科研院所的支持和帮助。通过校企融合、联合行业企业兴办专业、创新计算机科学与技术专业人才的培养，开设该专业的重庆工商大学人工智能学院不仅得到了信息类技术企业的认可，而且还分别获得了重庆市教学成果二等奖 1 次、三等奖 1 次，转化科研成果 5 项，极大提高了该专业的社会知名度。

（二）输入评价

输入评价主要是对计算机科学与技术专业的投入进行评价，包括师资队伍评价、教学设施评价两部分。

1. 师资队伍评价

师资队伍既是教学的主体力量，又是办学的主要条件，同时还是确保人才培养质量最关键的因素。因此，要提高计算机科学与技术专业人才培养质量，就必须建设一支质量上过硬的、数量上充足的、结构上合理的师资队伍。计算机科学与技术专业的生师比不到 6：1，生师比例合理，师资学历结构、职称结构合理，教师的专业学历背景主要是计算机科学与技术专业，同时具有计算机软件开发、大数据应用和人工智能开发的工程实践经验。这种复合型的师资队伍有力提高了计算机专业的大数据智能化建设的质量。目前，重庆工商大学从事该专业建设和教学的教师共 24 人，其中正高职称 3 人，副高职称 15 人；获博士学位的教师 13 人，获硕士学位的教师 11 人；具备“双师型”素质的教师占 95%；具有工程实践型知识结构的教师占 80%。在专业教师中，“重庆市中青年学术带头人”1 人，“重庆工商大学优秀中青年骨干教师”2 人。同时重庆工商大学建有计算机应用实践教学中心，拥有实力雄厚的实验教学师资队伍，同时具有一支来自企业和研究院所的企业导师队伍。

2. 教学设施评价

教学设施是保证学校提高教学质量、实现教学目标和完成教学任务的重要前提，包括实验室、实践基地、科创中心等。计算机科学与技术专业拥有计算机应用实验中心，该中心是由重庆工商大学和重庆市教委共建而成的，为计算机相关专业基础课程、专业核心课程和专业实践课程提供教学保障。为了配合大数据智能化类特色专业建设，重庆工商大学还建设有大数据综合实验平台和智能计算实践平台，涵盖大数据应用和人工智能的特色专业课程的实习实训。按照产学研协同创新专业建设的要求，计算机科学与技术专业建设教育部协同育人项目 10 项，建设协同育人基地 5 个，建设产学研协同实践基地 8 个，学生可以在各实习实训基地进行岗位实习。同时，重庆工商大学邀请知名企业到学校进行实训，解决了大学教学理论与实践脱节的问题。计算机科学与技术专业配有学生竞赛活动中心、学生科创团队基地和图书资料室。

（三）过程评价

过程评价是对计算机科学与技术专业人才培养过程进行评价，主要包括教学管理评价、课程评价和专业建设评价三方面内容。

1. 教学管理评价

教学管理就是学校对整个教学过程进行的计划、组织、指挥和控制等活动，是学校按照高等教育的人才培养目标所进行的一切管理活动的总和。教学管理可以保障教学目标的完成。教学管理体系主要包括管理人员和管理机构、教学管理文件、教学质量监控和规章制度等方面的内容。重庆工商大学人工智能学院计算机系设有计算机硬件教研室和计算机软件教研室，教研室任务分工明确、教学任务清楚、教学管理文件完善、教研活动正常有序、教学质量监控有保障、教学纪录完善。

2. 课程评价

课程是教学管理的核心，计算机科学与技术专业的培养方案制订和课程设置直接关系到学生技能和素质的培养以及教学任务的顺利开展。计算机科学与技术专业通过联合企事业单位，组织专家、学者讨论、修改培养方案；联合企业建立协同育人平台，构建计算机科学与技术专业的创新实践教学平台。计算机科学与技术专业构建了集计算机专业知识、大数据专业知识以及人工智能应用于一体的大数据智能化类特色专业人才培养的理论教学体系，形成与之对应的课程体系，并组织计算机系的教师和企业工程师联合开发课程资源，共建专业系列教材。计算机科学与技术专业构建了包括基础实践层次、工程认识层次、综合实践层次和创新实践层次四个层次的实践教学体系。

3. 专业建设评价

重庆工商大学自设置计算机科学与技术专业以来，在专业建设和改革上做了大量工作。重庆工商大学在校企协同下制定了人才培养目标，根据国家战略发展规划、重庆市地方经济建设需求，不断迭代和完善人才培养方案。重庆工商大学多次对人才培养方案进行研讨和论证，每年对人才培养方案进行微调，每三年对人才培养方案进行较大幅度的修订和完善。2016 年，计算机科学与技术专业在本科一批次招生，提高了生源的质量。计算机科学与技术专业建设成效显著，2014 年成为重庆工商大学特色专业，2018 年成为重庆市大数据智能化类特色专业，2019 年成为重庆市一流专业，并积极申报国家级一流专业。

（四）输出评价

输出评价主要是对计算机科学与技术专业本科生的基本素质进行评价。计算机科学与技术专业本科生的基本素质评价指标主要包括毕业生就业率、毕业生就业竞争力、毕业生就业质量、近五年毕业生质量等。

1. 毕业生就业率评价

计算机科学与技术专业的毕业生一次就业率在 92%以上，每届毕业生中进入信息类企业工作的比例均超过 60%，其中在西部地区工作的毕业生占毕业生总数的 70%，在沿海经济发达地区工作的毕业生占毕业生总数的 30%左右，满足了信息类行业对计算机科学与技术专业人才的迫切需要。

2. 毕业生就业竞争力评价

大数据智能化类特色专业的毕业生比传统的计算机专业的毕业生更具就业竞争力。这主要表现在大数据智能化类特色专业的毕业生不仅具有计算机专业知识，而且具有大数据技术和人工智能应用能力，该专业的毕业生不仅可以从事计算机软硬件的开发工作，而且可以从事大数据分析、建模、处理优化和维护工作。因为具有大数据技术和人工智能应用能力，该专业的毕业生更受现代智能类企业的欢迎。

3. 毕业生就业质量评价

从人才培养和就业情况看，大数据智能化类特色专业的人才培养目标和人才培养方案符合社会经济发展的需求，大多数毕业生走上计算机专业相关岗位，2018—2020 年三届毕业生平均就业率为 96.7%。从重庆市人力资源和社会保障局、用人单位反馈的数据来看，专业技能和工作岗位需求一致，毕业生能够快速适应工作岗位要求，深受企业单位的欢迎。

4. 2016—2020 年毕业生质量评价

重庆工商大学培养的大数据智能化类特色专业的人才，质量高，社会评价好，满足了信息产业对计算机人才的迫切需求。由于人才培养目标定位明确，人才培养方案科学，理论和实践教学体系配合合理，人才培养质量得到了很大保障。从 2016—2020 年用人单位对毕业生的反馈数据来看，用人单位一致认为学生服务意识强、知识结构合理、解决问题的能力突出，具备了承担计算机软硬件设计、开发和维护的实践能力，具有较强的创新精神和持续发展潜力。据跟踪调查，早期就职于信息类企业的毕业生已经成为企业的骨干甚至是技术部门的带头人，或者是企业的部门负责人，有的自主创业的毕业生经营管理的企业已经具有一定规模，为地方的经济建设做出了贡献。

三、评价指标体系模型构建

重庆工商大学按照重庆市教委“分类指导、分类建设”的原则，树立科学发展观，坚持以人为本，形成全面、协调、可持续发展的大数据智能化类特色专业的人才培养质量观；在把握主体性、民主性、激励性和创造性基础之上，打造具有特色的人才培养模式；统筹兼顾新工科背景下的学科交叉、学科融合，利用 CIPP 模型构建大数据智能化类特色专业的人才培养质量评价体系。综上所述，本文构建的大数据智能化类特色专业人才培养质量评价体系由背景评价、输入评价、过程评价、输出评价四部分构成（见图 1）。构建人才培养质量评价体系，可以全面监控人才培养的过程，有效提高人才培养质量。

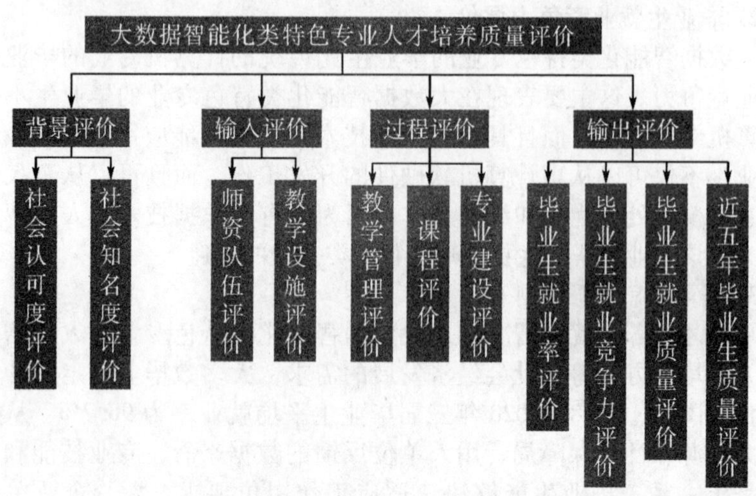

图 1　大数据智能化类特色专业人才培养质量评价体系

四、结语

本文根据大数据智能化类特色专业人才培养质量评价体系对重庆工商大学计算机科学与技术专业进行案例分析。分析结果表明，重庆工商大学计算机科学与技术专业的社会认可度较高，师资队伍结构合理，教学设施完备；教学管理完善，课程设置科学，教学规章制度完备，校企合作进展顺利；专业建设成效显著，该专业成为重庆市大数据智能化类特色专业、重庆市一流专业；毕业生就业率高，就业质量显著提升，就业竞争力强；毕业生在工作岗位表现出色，具备了计算机软硬件设计、开发和维护等能力，发展空间巨大。

参考文献：

[1] 马荣华. 基于 CIPP 的金融类专业校企合作人才培养质量评价指标体系 [J].科技视界，2019（22）：221-222.

[2] 刘树奎. 市场营销专业人才培养质量 CIPP 评价指标体系构建——以广州医科大学为例 [J]. 现代营销（下旬刊），2017（3）：82-85.

[3] 徐玉国，韩兆君. 基于 CIPP 模型的高校创业型人才质量评价指标体系研究 [J]. 高教学刊，2017（7）：53-54.

[4] 张云凌. 基于 CIPP 模型的高职市场营销专业人才培养质量评价指标体系构建 [J]. 中国培训，2016（20）：251.

[5] 何晓燕，翟丽丽. 高校人才培养质量第三方评价指标体系构建研究 [J]. 哈尔滨学院学报，2017，38（10）：137-140.

基于学生面部表情识别的教学效果分析方法研究[①]

杨 艺

摘 要：课堂是教师实现有效教学的主战场，追求优良的教学效果是教学的本质要求，也是当前教学改革的重要目标。传统课堂环境下教师主要采用观察学生的面部表情来获得教学反馈信息，这会因个人精力不足等原因，造成信息传递与反馈的片面性和滞后性。本文提出一种基于智能视频监控系统的课堂质量管理评价方法，教师利用面部表情识别技术，及时获取课堂上学生的表情反馈信息，全面准确地掌握学生对当前学习内容的注意力集中情况和兴趣，以便实时调整教学进度和教学活动，进行有针对性的指导，以此提升教学效果。

关键词：表情识别；智能视频监控系统；教学效果；视频分析

一、引言

一直以来，课堂教学都是实现有效教学的主战场。作为教学主导者的教师，希望在教学过程中实时了解学生对教学内容的掌握情况，从而及时调整教学进度、教学活动和方法。如今教师在课堂教学中面对的学生通常较多，教师在授课时很难做到随时观察大多数学生的听课情况，并且一堂课40~45分钟，教师也不可能记住每个学生在课堂上听课状况的变化。信息技术的进步及图像处理、基于模式识别的表情识别等理论的发展，推动了智能视频监控系统的应用。较之传统视频监控系统，“智

① 基金项目：重庆市教育科学“十三五”规划项目“基于学生面部表情识别的教学效果分析与实证研究”（项目编号：2018-GX-342）。

能”二字的含义就是指除了可以记录影像，还可以根据监控目标的状态实时分析视频影像，自动反馈有用信息。教师可以使用此技术来对课堂上学生的听课状况加以记录，并实时识别和分析学生的表情，通过程序实时计算或统计，综合评估教学过程，施以合适的教学方法，以此提升教学效果。

目前，高校使用智能视频监控系统并将其融入课堂管理评价的情况还较少，但是已有一些学者开展了表情识别技术获取教学反馈信息的研究。冯满堂等提出了一种基于人脸表情识别的智能网络教学系统模型，从而提高网络环境下的教学效率。程萌萌等创新性地利用表情识别与视线跟踪技术实现情感反馈，构建了与学习相关的表情库方案，为网络学习中情感反馈机制的发展提供了技术支持。韩丽等提出了课堂环境中基于面部表情的教学效果分析，研究了基于人脸检测与表情分析的课堂教学评价系统。本文旨在顺应智慧教育、智慧教学和智慧课堂的应用需求，将智能视频监控技术与教学模式相结合，提出基于学生面部表情识别的教学效果分析方法。

二、表情识别技术

人的面部表情蕴含了大量有关内心情感变化的信息，可以反映其内心微妙的情绪状态。人脸表情识别作为智能化人机交互的重要组成部分，一直是备受关注的研究课题。这项技术涉及图像处理、机器视觉以及心理学等，一般包括四个环节，即图像预处理、人脸检测与定位、表情特征提取和表情分类。

（一）图像预处理

受采集的环境和设备质量以及拍摄等因素的影响，直接从摄像设备中获得的视频通常是不能直接使用的，我们需要对原始采样进行预处理。预处理就是去除原始视频的噪声，剔除与表情无关的区域，比如背景、头发、耳朵等；对采集的视频帧标定特征点，比如眼睛、眉毛、鼻子和嘴巴的中心点；根据面部特征点几何模型确定矩形特征区域并剪裁；统一表情区域尺寸。图像预处理主要是为了提高视频帧质量，对有用的信息进行强化，为后序表情识别算法的执行做好准备。目前，图像预处理主要采用灰度变换、插值、图像归一化处理、图像滤波、边缘检测、轮廓提取等方法对人脸表情图像进行图像增强运算。

（二）人脸检测与定位

人脸检测与定位就是判断视频序列中是否出现人脸，并对移动的人脸进行跟踪定位。人脸检测的方法主要有基于知识的、基于外观的、特征不变和模板匹配方法，并且这些方法各有优劣。由于课堂环境复杂多变，比如光照明暗、多张人脸，摄像头的角度、位置不断变化等问题都可能成为人脸检测的限制因素，因此选择人脸检测算法时需要考虑自适应的、检测精度高的方法。

（三）表情特征提取

提取表情特征的有效性在很大程度上决定了表情识别的精度。提取方法有两类：一类是基于局部信息的方法，即人工选取面部关键点（区域），之后提取局部特征；另一类是子空间特征提取方法，即针对面部整体特征，寻找基于某种特征准则的最优变换，在子空间中只保留表情分类鉴别的特征。对分类起关键作用的特征主要集中在眉、眼、嘴等部位，提取方法如下：一般需要先从人脸图像中提取特征点（区域）来获得描述表情变化的参数，之后再综合这些参数进行表情识别。

（四）表情分类

1975 年，埃克曼（Ekman）等提出了 6 种基本情感，即愤怒、厌恶、恐惧、高兴、悲伤、惊讶，这 6 种基本情感在表情识别领域得到了广泛应用。表情是情绪的客观外显行为，在课堂教学中，学生的表情可以向教师传达反馈信息。学生听课时面部表情高兴，代表其对当前学习内容感兴趣，愿意学习。当学生厌烦当前所学习的内容时，其往往会表现出抗拒的姿态，比如低头、睡觉等。由于该研究的主要对象是教学课堂里学生的表情，因此除了对学生的表情进行常规识别外，教师还需要对不同的表情相对应的学习情绪进行关联分类。表 1 中除了上述提到的 6 种表情外还增加了“中性”。

表 1　学生面部表情——学习情绪对照表

面部表情	表情特征	学习情绪
愤怒	眉头微皱，扩大鼻孔，睁大眼睛	疑惑、走神
厌恶	嘴紧闭，嘴角下拉，鼻子皱，下眼皮出现横纹	感觉无聊，兴趣低
恐惧	嘴张开，眼睛睁大，可能斜视	畏难
高兴	嘴张开，嘴角向后上方提起，眼角向后提起同时扩张	感兴趣、理解
悲伤	嘴角下拉，上眼皮抬高	厌倦、疲惫

表1(续)

面部表情	表情特征	学习情绪
惊讶	嘴张开，眼睛睁大，上眼皮抬高，下眼皮下落	兴奋、紧张
中性	眼、鼻、嘴无明显变化	听讲、思考

目前常见的表情分类算法包括贝叶斯（Bayes）、支持向量机（Support Vector Machines）、隐马尔科夫模型（Hidden Markov Model, HMM）、卷积神经网络（Convolutional Neural Networks，CNN）等。

三、流程设计

高质量的课堂教学，需要教师实时观察学生状态，根据具体教学情况，灵活运用教学手段和方法，调动学生课堂学习的主动性，鼓励学生积极参与并获得求知的愉悦感。然而，在一名教师面对多名学生的课堂教学中，教师的主要精力集中于讲课上，观察学生不全面和滞后的情况难免会出现，从而在一定程度上影响教学效果。为了帮助教师实时掌握学生的学习状态，提高课堂教学效果，本文提出利用智能视频监控系统的实时性与智能性，基于学生面部表情识别辅助教师课堂教学的一种方法。其流程如图1所示。

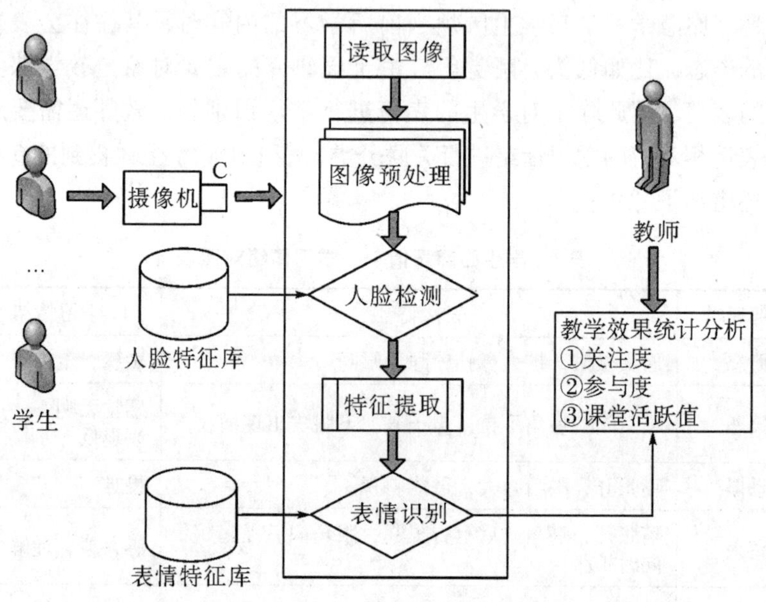

图1　基于表情识别的教学效果分析流程图

从流程图可知，教室需要安装高清摄像机，保证对各教室的实时拍摄和采集清晰的图像，并将采集到的视频信号通过专设线路传输到主控计算机。主控计算机调用图像读取模块读取图像，先进行图像预处理，然后通过人脸检测算法实现图像的多目标人脸检测，再提取脸部特征，结合已有的表情特征库进行学生表情识别。主控计算机将识别结果输出到统计分析模块，分析学生对课程内容的关注度、参与度、课堂活跃值等。教师可以从这些统计分析出的指标中把握课堂状况，调整自己的教学进度和活动。

四、基于面部表情的教学效果评价实践

我们设计了关注度、参与度、活跃时间三个评价指标来衡量课堂教学效果。学生的关注度定义为在一个时间区间内表情识别为中性、高兴和惊讶的个数与总数之比（时间区间可以自行设定）；参与度定义为在一个时间区间内能检测到的人脸个数与总数之比（时间区间可以自行设定）；课堂活跃值定义为在检测时间区间中当学生参与度$>\sigma$时，课堂活跃值为 1，说明课堂上学生处于积极状态；否则为 0，说明课堂上学生处于不积极状态。其中，σ 为阈值，比如 σ 可以设定为 80%。

（一）实验设计

我们选定一个班的学生，在教室前端架设一台摄像机拍摄一节课，课程结束将视频输入计算机并按照上述流程进行处理。由于采集的视频数据很大，40 分钟视频达到 13.8G，因此我们可以将视频数据分段后再处理。

1. 图像预处理

输入原始图像，经过颜色校正、灰度变换、插值、归一化处理、图像滤波、锐化等一系列图像增强运算，为后续的识别打好基础。

2. 人脸检测

输入增强图像，通过预先准备好的人脸检测算法进行检测，随后对增强图像进行人脸部分的裁剪，最后得到定位好的人脸图像。

3. 特征提取

对处理后的人脸图像使用 Gabor 小波变化算法进行特征提取。由于 Gabor 特征在局部可以很好地描述空间特性和方向特性，并且对图像中的光照、姿态的改变也具有一定的稳健性，因此很适合描述图像纹理信息。目前，Gabor 特征提取在人脸表情识别领域成为最流行的特征提取方法。

4. 表情识别

我们使用预先训练好的深度神经网络 VGG19 对表情进行分类，其中标签 angry、disgust、fear、happy、sad、surprise、neutral 分别对应愤怒、厌恶、恐惧、高兴、悲伤、惊讶、中性七种表情。通过表情分类后的预测值和事先设定好的容错指标，我们得出表情识别结果，并将其与对应的学生编号进行关联，存入数据文件。图 2 是个人表情识别效果，图 3 是课堂学生表情识别效果。由于实验中只用了一台摄像机，放置于讲台上的摄像机的录制方向又是处于水平的，因此在某些有遮挡的位置，摄像机就识别不了人脸。

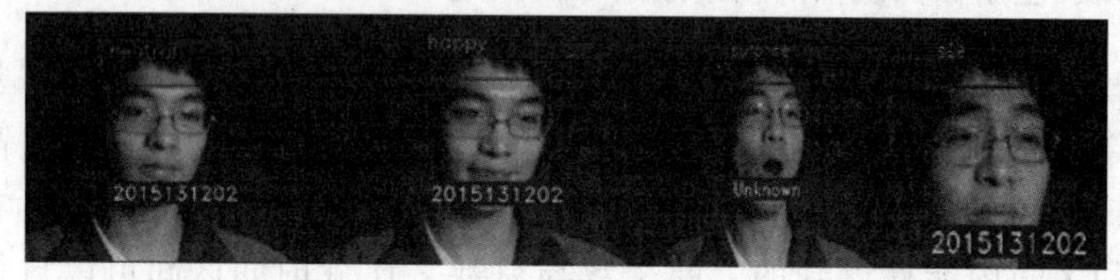

图 2　个人表情识别效果

图 3　课堂学生表情识别效果

（二）识别结果分析

在课堂学习期间，绝大多数学生表现出一种聆听思考的状态，通过表 1（学生面部表情——学习情绪对照表）可知，中性面部表情应该出现得最多，高兴面部表情次之，其他面部表情则较少出现。我们设定观察的单位时间区间为 10 分钟，通过识别录制的 10 分钟课堂视频，得到表情识别统计情况如图 4 所示。

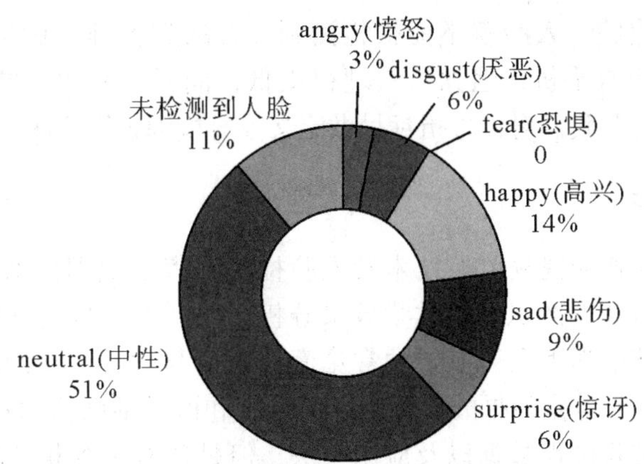

图 4　各表情人数占比

根据前述对关注度、参与度、课堂活跃值的定义，我们由图 4 的数据可以得知：关注度 = 中性占比+高兴占比+惊讶占比 = 51%+14%+6% = 71%；参与度 = 检测到人脸占比 = 89%；假定 σ 设定为 80%，参与度 = 89%>80%，因此课堂活跃值为 1，说明当前课堂的学生处于积极状态，这时教师可以继续自己的教学活动。如果关注度较低且课堂活跃值为 0 时，教师就需要实时调整自己的教学进度和活动以适应当前的课堂状态了。

（三）对一些问题的探讨

鉴于我们的实验环境还不具备智慧教室所拥有的智能监控系统，因此我们只能进行课堂摄像视频的非实时分析。我们在实验过程中发现和总结了一些问题，在此进行讨论。

第一，由于表情识别是对课堂中学生面部信息的采集，摄像机的位置对面部检测识别的最后结果会产生一些影响，因此摄像机的高度和角度一定要适宜。在视频采集过程中，画面应尽可能覆盖课堂全景，尽量不要出现盲区，避免出现没有办法分析的无效数据。另外，摄像头最好具有低照度补光功能等以保证拍摄的视频清晰度达标。

第二，我们在观察课堂视频的截图中发现，由于在课堂纪律的控制下，学生的面部表情表达程度与生活中的面部表情表达程度相差很大，这属于微表情的范畴。我们采用的表情识别算法的训练数据都是比较明显的表情图像，因此在识别有些不明显的表情上就会产生一些误差。这类问题只能通过加入含微表情的表情图像数据才能解决。

第三，前述定义的参与度为能检测到的人脸个数占比，我们在观察课堂视频的截图中也发现这一定义不太科学和客观。如果有的学生用单手托腮遮住了半边脸，人脸就不能被检测到；有的学生埋头做笔记或看书，并没有睡觉和看手机，但如果头埋得太低，同样人脸也不能被检测到。这些问题都需要我们对评价指标另做定义或对检测识别算法进行优化。

五、总结

结合目前智能视频监控技术及人脸检测和表情识别技术，本文提出了基于学生面部表情识别的教学效果分析方法。本文探索性地设计了方法流程，总结了学生在课堂上的常见面部表情与学习情绪的关系，并进一步定义了评价课堂效果的参与度、关注度和课堂活跃值的指标。同时，本文提供了实验过程数据以及应用方法，但是还有很多相关问题有待进一步研究和优化。总之，本文旨在从智慧教学和智慧课堂的应用需求出发，将人工智能技术和教学工作加以融合，以期能对智慧教学系统的发展起到抛砖引玉的作用。

参考文献：

[1] 张利伟，张航，张玉英. 面部表情识别方法综述［J］. 自动化技术与应用，2009，28（1）：93-97.

[2] 范亚男，葛卫丽. 智能视频监控系统发展及应用［J］. 价值工程，2010（17）：97-98.

[3] 冯满堂，马青玉，王瑞杰. 基于人脸表情识别的智能网络教学系统研究［J］. 计算机技术与发展，2011，21（6）：193-196.

[4] 程萌萌，林茂松，王中飞. 应用表情识别与视线跟踪的智能教学系统研究［J］. 中国远程教育，2013（3）：59-64.

[5] 韩丽，李洋，周子佳，等. 课堂环境中基于面部表情的教学效果分析［J］. 现代远程教育研究，2017，48（4）：97-103.

[6] 侯洪涛. 一种课堂环境下学生表情识别系统的研究［D］. 北京：北京工业大学，2015.

[7] 赵明华. 人脸检测和识别技术的研究［D］. 成都：四川大学，2006.

[8] CHEON Y，KIM D. Natural facial expression recognition using differential-AAM and manifold learning［J］. Pattern recognition，2009（42）：1340-1350.

[9] SHAN C F，GONG S G，PETER W. A comprehensive empirical study on linear subspace methods for facial expression analysis［C］//IEEE computer society conference on computer vision and pattern recognition workshop，2006：153-158.

[10] EKMAN P，FRIESEN W V. Friesen unmasking the face［M］. Englewood：Prentice Hall，1975.

基于智慧教育的大学计算机基础课程教学改革实践与探索[①]

李盛瑜　张小莉　丁明勇　代秀娟

摘　要：本文分析了智慧教育的内涵，提出了大学计算机基础课程教学改革以智慧教育为手段培养智慧型人才的核心思想，结合大学计算机基础教学的实践经验，依托智慧教育的优势，以深化大学计算机基础课程教学改革为立足点，在教学体系、教学内容以及教学环境、教学方法、评价机制等方面进行了深度思考和探索实践。

关键词：智慧教育；计算机基础；教学改革

一、引言

目前，高等学校教育教学仍然存在着以课本和课堂教育为主，在技能以外教得太少，导致学生学习视野狭窄。学生总是带着寻求“标准答案”的思路在学习，只知其然，不知其所以然，缺乏对知识内在逻辑的关注；重课程知识和解题技能，轻知识来源（知识中蕴含的智慧）和知识往哪里去（知识对解决现实问题有何价值）；以课程是否过关或成绩高低为标准（过分关注课程考试、记分作业、平时成绩给分标准等与总评成绩直接挂钩的课程因素），把一时的成败看得太重，忽略过程学习中学习方法的探寻和批判质疑精神的培养，挖掘自身创造力不够。在这样的背景下，学生自然缺乏独立思考的能力，没有批判质疑精神，总是被人牵着鼻子走。这具体表现在，在学习过程中提不出问题，遇到问题不知

① 基金项目：重庆工商大学教育教学改革与研究项目“‘新工科’建设背景下大学计算机教学改革探索与实践”（项目编号：2018223）。

道如何决策，即使做出了决策也不知道如何评估决策的优劣。这些症结都难以满足智慧教育背景下创新性人才培养的需求。

2012 年，党的十八大正式提出了实施创新驱动发展战略。2016 年 5 月，中共中央、国务院发布了《国家创新驱动发展战略纲要》，提出了我国要在 2020 年进入创新型国家行列，2030 年进入创新型国家前列，2050 年前成为世界创新强国。举国上下吹响了创新的号角，创新已成为当今时代发展的主旋律。随着移动互联网、物联网、大数据、云计算、人工智能、区块链、第五代移动通信技术等新一代信息技术的迅猛发展和广泛应用，以大数据、人工智能为核心的科技创新已经成为这个时代的标签，以智能感知、智能控制、数据智能为核心的全面智能化已经成为“智慧地球”“智慧中国”的标志。智慧工业、智慧城市、智慧教育、智慧医疗等如雨后春笋般生长，给这个时代赋予了新的内涵，给人类的思维、学习、生活、工作方式带来了颠覆性的变革，为高等学校教育教学变革与创新带来了前所未有的机遇和挑战。人工智能、大数据时代，行业的创新依托学科的交叉与融合，这就要求高等学校的人才培养必须紧紧围绕创新战略，借助智慧教育优势，以课程教学为主线，以目标为导向，不仅要依托大学计算机基础课程本身，而且要超越课堂和教材，引导学生拓宽视野，更多关注科技史以及人工智能应用。学生通过过程学习，可以感受和继承前辈的智慧，增长见识，提升学习能力，挖掘创新潜质，为专业学习与未来职业可持续发展奠定良好的基础。

围绕智慧教育这一研究热点，很多学者对智慧教育的内涵进行了很好的诠释，其中我国学者祝智庭教授对智慧教育的内涵进行了详细阐述。祝智庭教授描述了智慧教育、智慧环境（智慧计算是其核心技术）和智慧教学三者之间的关联性，指出智慧教育要以智慧环境为支撑，以智慧教学方法为催化因素，以智慧学习为根本基石，促进学习者开展智慧学习，从而培养具有创造力的人才。

不难看出，智慧教育是教育信息化发展的必然趋势，其终极目标是为我国各行各业现代化建设提供智慧型人才。这也对大学计算机基础课程教学提出了更高的要求。在这个任务驱动下，教师必须改变传统的教学方式，改善“以实体课堂为中心”的教学环境，依托物联网、云计算、网络教学平台和校园网等建立“实体课堂+泛在课堂”，为学生提供一种全方位、跨时空、立体化、个性化的按需学习的智慧教学模式，帮助学生提升学习能力并完成学习目标。因此，以智慧教育教学理念来指引大学计算机基础课程教学，对实现大学计算机基础课程培养目标具有重要的现实意义。

二、基于智慧教育的大学计算机基础教学改革实践

（一）构建以智慧教育为手段、智慧型人才培养为导向的多元化课程教学体系

随着“互联网+”时代的到来，各行各业对人才的需求更具时代特色，除了要求具备专业性等硬技能外，还要求具备创新精神、学习适应能力、独立性等软技能。智慧教育旨在培养具有正确价值取向、较强行动能力、巨大创造潜能的智慧型人才。因此，高校摆脱以“单纯的课堂灌输知识”为目标的传统课程教学体系约束，建立多维度、多目标、立体化、个性化培养的智慧型人才课程体系，才能更好地适应创新型国家战略的人才培养需求。大学计算机基础课程是一门引导学生利用信息技术解决专业学习、未来职业生涯中实际问题的核心通识课程，对培养学生的信息素养、自主学习能力、创造性思维能力和学科综合应用能力具有重要的意义。

重庆工商大学是一所经济学、管理学、文学、工学、法学、理学、艺术学等学科协调发展的，具有鲜明财经特色的多科性大学。大学计算机基础课程作为学校非计算机专业学生的必修通识课程，涉及内容比较多，学时相对较少（理论课程 24 学时和实验课程 32 学时），学生入校时的计算机能力和对课程的认识参差不齐。例如，部分新生入校时对计算机知识的了解几乎为零，而有的学生已经能比较熟练地使用 Word、Excel、PowerPoint 等办公软件。

为了化解这些矛盾，我们正在探索并实施基于计算机思维的智慧化教学方案。

第一，为了针对不同专业学生的特点和需求因材施教，我们提出按专业大类分类实施教学，即将所有授课群体分为经管类、理工类和人文艺术类三大类。经过对教务处、学院和学生群体的走访与调查，我们发现，经管类和理工类的学生在未来的职业生涯和继续学习中会遇到大量的基于计算机算法的编程问题，特别是理工类学生，将来大多会与关乎国家命脉和国计民生的“高精尖”产业打交道，对掌握前沿科技领域中的计算机知识与技术有较大的需求，因此我们考虑对这两类学生增加算法与程序设计、新技术知识和视野拓展的教学内容。例如，随着大数据、人工智能的发展，迫切需要将人工智能语言——Python 语言融入大学计算机基础课程中。因此，我们在 2020 级经管类、理工类专业的大学计算

机基础课程中增加了 Python 语言，强化计算思维能力的训练，使学生从计算思维的角度来理解计算机基础概念和原理知识。目前，我们使用的实训教程已经再版，加入了计算思维能力拓展-Python 实验。我们发现，人文艺术类学生在之后的工作和学习中对于声音、图像和视频等信息媒介的加工与处理以及办公软件操作等有比较集中的需求，于是我们对这类学生增加了办公软件高级应用及多媒体应用等教学内容。大学计算机基础课程既是一种思维工具，又是一种技能工具，因此我们将内容体系改为如图 1 所示的基于智慧教育的教学内容体系。其内容主要包含信息素养教育、计算机系统组成及工作原理、计算机应用技能和基于新技术知识和视野的拓展四大核心模块的理论及应用技能。

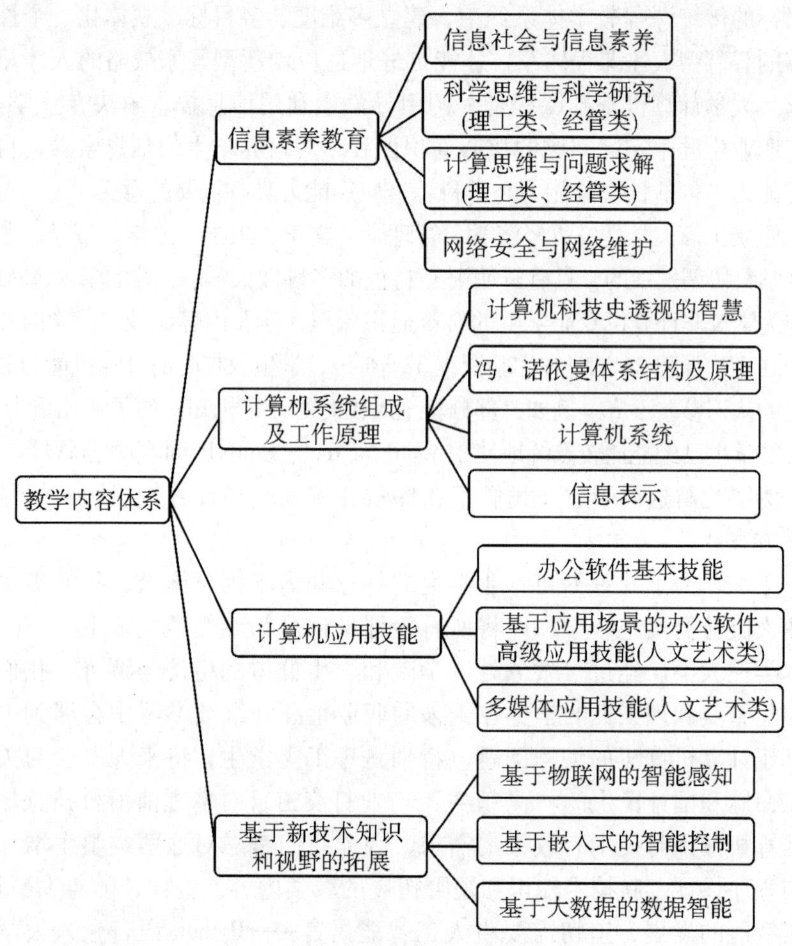

图 1　基于智慧教育的教学内容体系

第二，为了适应当前中小学信息技术教育的逐渐普及和新生对提升计算机基本操作能力的普遍需求，我们决定弱化办公自动化软件基本操作的课堂讲解，而通过培养学生自主学习能力、综合应用能力和新技术应用拓展能力等，督促和巩固其对该板块知识的掌握。例如，我们将办公软件的一些关键性的操作制作成微视频（如图 2 所示为 Word 基本操作的微视频），学生可以通过自主学习完成相关操作，并通过完成线上测试检验学习效果。对于计算机基本知识这部分内容，由于诸如进制转换等部分的难度比较高，我们录制了一些微视频，未来还将增加线下专题答疑的环节，针对学生比较集中的问题录制专门的答疑视频进行补充讲解。

图 2　Word 基本操作的微视频

（二）构建以核心课程为主导、立体化教材为补充的持续更新的动态课程教学内容和智慧教学环境

就大学计算机基础课程教学来说，教师应该注重确定课程的定位和核心价值，落实好教学的重点和难点。在大数据时代和网络环境下，知识随处可得，知识更新的频率越来越快，纸质教材尤其是计算机类纸制教材，无论是容量、更新速度，还是深度和广度，都难以满足信息化条件下教学的需要。教师应该根据学生的实际情况和智慧教育优势，利用好视频公开课、慕课等优质资源，开发立体化教材，根据课程知识更新快的特点，提供各种电子文档、录制满足不同需求的微视频、制作各种在线课程等，根据课程教学的需要编写适合学生实际情况的教材及教辅

材料，并以教材为参考进行课程教学内容的梳理、整合，构成能够满足学生学习需求的课程教学内容。例如，考虑到学生的实际情况，我们自主编写了满足学生学习需求的实训教材。未来，我们将设计更多的在线学习活动、实验实践系统等，推动教学内容持续动态更新，以满足不同学生的个性化需求。

教师应基于现有的软硬件环境构建全方位、跨时空、立体化的按需学习的泛在课堂，将实体课堂的教学内容和教学方式延伸到基于信息技术的泛在课堂中，构建"实体课堂+泛在课堂"的智慧学习环境。实体课堂与泛在课堂相互支持、相互补充，教师可以设计实施针对不同学习环境、不同授课对象、不同教学阶段的线上线下混合教学模式。教师和学生能够做到"一对多"和"一对一"的沟通与交流，学生与学生之间能够进行协作学习，师生之间平等，亦师亦友，教与学相互融合，教与学共同提高。在智慧学习环境中为学生提供丰富的教学资源，除必备的各种教学文件和资料外，我们按照课程教学体系的要求将理论和实验教学内容、案例、习题分析、操作演示、疑难问题讲解等制作成不同的微课、微视频以及线上课程等，满足不同层次、不同专业学生的学习需求。例如，我们针对经管类学生增加微观经济学方面的实训实例，对理工类学生增加三维曲面绘制的例子等。

（三）构建以学生为中心、以教师为主导的，融合对分课堂、合作教学等多元化教学方法的智慧教学模式

信息时代的学生对知识的需求呈现多样化和差异化，教师需要充分调动学生的积极性，让学生成为课堂的中心。教师应成为课堂的主导，不管是在实体课堂还是在"空中课堂"。智慧教学就是一种以学生为中心的教学方式，提供丰富的学习资源及技术支持，依托智能教室及大数据平台，建立"以学生为主体、以教师为主导"的多元化学习模式，形成资源共享与教学交互的良性循环。教师应建立"以学生为中心、以教师为主导"的平等、民主、相互学习、相互交流的新型师生关系。

我们把基于智慧教育理念的教育教学方法落实到课堂中，积极组织学生参与讨论，将对分课堂教学、合作式教学、探讨式教学方法与"空中课堂"和实体课堂有机结合起来。我们从 2017 级开始对部分班级的学生进行分组，每个小组通过课下分组讨论、课上发言分享的方式参与到课堂教学活动中。我们在大学计算机基础课程中拓展新技术（大数据、云计算、物联网、区块链、人工智能、机器学习、混合现实技术等）。在

这部分知识点的教学过程中，我们完全摒弃了传统的讲授模式，将各大专题转化为一些开放性的任务导向型问题并在课后布置给学生，然后对学生进行分组。学生在课外收集与问题相关的资料并展开讨论，讨论完成后形成学习报告，在课堂上进行分享，教师点评并拓展相关知识点。图 3 为 2019 级金融班学生和老师一学期分享的话题。我们采用合作教学的方式让每个学生都收集资料并展开讨论，成为学习的主体。学生们深刻感觉到，这样的课堂教学开发了自己的智慧和挖掘了潜力，感觉自己既是知识的获得者，也是知识的传授者；不仅在学习书本知识，还在查阅资料、讨论分享中构建新的知识。这样的教学模式比传统的讲授模式更加灵活多元，真正达到了智慧教育提倡的教师与学生、学生与学生之间在教学活动中共同学习、共同分享、共同提高的教学新境界。学生们认为，课下讨论、课上分享的方式使得自己的自主学习能力、逻辑思维能力、语言表达能力等综合能力得到提升，学生们都非常积极地参与到这样的教学过程中。

图 3　2019 级金融班学生和老师一学期分享的话题

我们将大学计算机基础实验课程中设计的任务细化，借鉴张学新教授提出的新型教学模式“对分课堂”的策略，对实验中的难点任务采用如图 4 所示的实验课程的对分流程。我们对 2019 级部分班级的大学计算机基础实验课程开展了“对分课堂”教学，比如实验课程中的 Excel 公式、函数以及单元格引用，这些都是教学中的难点，教师在课堂上对知识点精讲和留白（“对分课堂”教学模式的根本原则就是教师精讲与巧妙留白），引导式地讲授，给学生留下思考的空间。我们根据“对分课堂”的策略，为学生设计合适的习题、练习。学生在完成相关练习后，对知识点展开分组讨论，自主提出问题和解决问题。事实证明，这样的模式取得了不错的学习效果，从而有效解决了“教师讲得越多学生听得越糊涂”的问题。教师也可以将要讲授的知识点制作成微视频或在线课程，通过学生方便接收的平台上传课件和视频，便于学生在课后复习和巩固知识点。同时，学生可以通过交流平台（如学校的网络教学平台及手机终端、企业微信等）继续向教师提问，解决课堂上没有及时解决的问题。这样的教学模式打破了时间和空间上的限制，使学生学习的时空范围得到大大拓展。

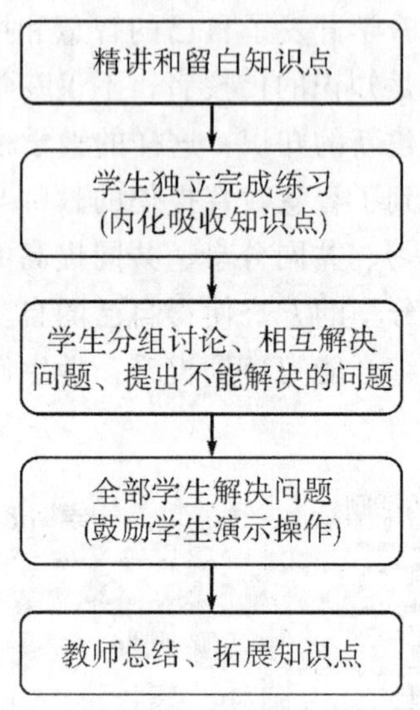

图 4　实验课程的对分流程

（四）构建面向过程的多元化智慧评价机制

智慧教育需要更具智慧的教育评价方式，“靠数据说话”是智慧教育评价的重要指导思想。在新技术的支撑下，教师可以实现对学生学习过程数据的全面采集、存储与分析并直观呈现。智慧教育对教学过程的重视程度高于对教学结果的重视程度。重视教学过程，也就是对学生成才过程的重视与关注。在近几年的教学改革中，我们对大学计算机基础课程考核评价方式也做了一系列改革。例如，我们加大过程考核和平时考核的力度，从期末考试“一锤定音”的考核向面向学习过程的考核转变；通过课程设计和大作业（或小组共同完成作品），从对知识的考核向对能力的考核转变；采用多元化的考核方法，通过多个维度考察学生的学习态度、学习能力、学习习惯，激发学生的学习热情。尽管我们也取得了一些效果，但由于各种因素的影响还没有建立起一套科学、合理、完善的评价体系。我们认为，应该在课程教学改革的过程中设计课程教学质量控制点，建立面向过程的多元化智慧评价方案。该方案要对教师的教学效果和学生的学习效果同时进行全面的评价。从2016级开始，我们一直要求学生完成创新实验作品的设计，训练学生从计算思维的角度去解决实际应用问题。我们探索出了以技能、能力、思维三层培养目标为核心的教学模式。未来，我们可以开发课程学习与测试软件，学生的上网阅读时间和测试成绩都由系统自动记录。教师创建每一位学生的学习轨迹和小考成绩统计图表，同时通过“任务”“作品”“综合作业”“提问”“讨论”“网络课程学习”“教学资源查询”等方式全面评价学生的学习效果。这样得到的总评成绩既没有忽视最终的学习结果，也充分反映了平时知识的积累过程，更加科学和公正。

三、结论

云计算、移动互联网、大数据、人工智能等技术迅速普及，对传统教育模式产生颠覆式变革。教师应探讨智慧教学、智慧学习、智慧评价等，构建基于大数据的多元化智慧教育平台，建立以智慧教育为手段、以智慧型人才培养为导向的多元化课程教学体系，构建以学生为中心的多元化教学模式，设计创新的智慧教学方法和考核评价体系，为学生创建开放且按需学习的智慧学习环境，帮助和引导学生开展智慧学习，将学生培养成为拥有创新意识和创新能力的个性化智慧型人才。

参考文献：

[1] 祝智庭，贺斌．智慧教育：教育信息化的新境界［J］．电化教育研究，2012（12）：5-13.

[2] 吴建军．对分课堂模式中“精讲—留白”原则在五年制大专语文课程中的实践［J］．教育现代化，2019（78）：181-183.

基于对分课堂的C语言程序设计的理实一体化教学模式研究①

梁新元

摘　要：教学模式对教学质量的影响很大，采用合适的课堂教学模式成为当前教学改革的重点。C语言是计算机类专业的重要基础课，但实践性不强是C语言课程教学改革的难点。该文分析了C语言课程存在的教学模式问题。为了解决这个问题，该文提出了理实一体化的对分课堂教学模式，以C语言的实践能力为核心，通过理实一体化方式实现讲练结合，增加课堂互动，增强课堂活力。多年教学实践充分证明，采用对分课堂教学法，可以实现教、学、做一体化，提高学生学习积极性，强化学生实践能力，极大地提升学习效果，培养沟通、合作和反思的能力；而且，对分课堂教学法能够减轻教师工作负荷，提高教师积极性，提升职业幸福感，具有很强的可操作性和可推广性。

关键词：C语言程序设计；实践能力；教学模式；对分课堂；讲练结合；理实一体化

一、引言

乔伊斯等在《教学模式》一书中认为，教学模式是构成课程和作业、选择教材、提示教师活动的一种范式或计划。教学模式不仅仅是为了达

① 基金项目：中国关心下一代“十三五”国家规划重点课题子课题（项目编号：GG-WEDU016-G0167），重庆市教育科学“十二五”规划2015年度高等教育质量提升专项重点项目（项目编号：2015-GX-023和2018-GX-023），重庆市高等教育教学改革研究重点项目（项目编号：102416），重庆市教育科学“十一五”规划重点课题（项目编号：2010-GJ-5202），重庆工商大学教育教学改革研究项目（项目编号：2018108和2019310）。

到具体的教育教学目标，实现技能和知识的学习，更重要的是促进学生的发展，便于学生掌握良好的学习策略，提高学习效率和提升学习能力。课堂教学模式，即教师在课堂上针对学生学习而使用的教学方法。

人才培养是高等学校最根本的任务，教学质量一直是高等教育研究的热点。C 语言程序设计课程是计算机类专业的专业基础课，也是一些理工科专业的公共课。程序设计类课程的核心目标是培养学生的实践能力，如何提升学生的实践能力成为当前程序设计类课程教学改革的热点之一。虽然我国的很多大学在教学模式上已经采取了一些改革举措，但不少改革在实践中难以为继。因此，寻找满足新时代需求的教学模式已经成为高等教育面临的严峻挑战。

二、课程教学问题和研究现状

鲁红英准确概括了 C 语言程序设计课程中存在的教学模式问题，即 C 语言程序设计课程的内容抽象，概念和语法规则较多，特别讲究使用技巧；教学依然以传统教学方式为主，不能将实验环节与课堂教学环节很好地相互连贯、相互印证，使得理论教学和实践教学脱节；某些教师忽视对学生的实践能力和创新能力的培养，使学生在分析问题和解决问题时无从下手，缺乏编程和调试的能力；实验教学中的多数实验内容是验证性的，学生机械式地运行程序，对知识的理解只停留在表面；理论课和实验课的课时数较少，上课信息量大，学生接受知识的进度不一样，导致教师和学生的学习步调不一致。

针对存在的教学模式问题，一些学者对 C 语言程序设计课程的教学模式做出了有益的探索。赵珊和贾宗璞采用以多媒体教学为主、板书为辅、现场编程演示的教学方法，大大提高了计算机二级考试通过率，但教学过程中缺乏互动，缺乏定量的教学效果分析。黄群提出按“九步教学事件”的教学设计原理组织课堂教学，分阶段组织教学，提高课堂效率和增强编程能力，但没有提供定量分析结果。陈洪超采用项目教学法实现课堂教学并将班级学生分成若干小组，但是理论教学的比例很高，项目教学只有 4 课时，小组考核比较费时和麻烦，没有进行教学效果分析。左永文提出案例教学法应用于 C 语言程序设计课程的组织与实施过程，但也没有提供教学效果分析。陈刚和朱晓燕提出“机房授课+自主学习”的授课模式，使学生的学习积极性有了较大幅度的提高，大量的学生可以通过国家的计算机二级或三级考试，但是缺乏定量分析结果。李敏杰等提出将网络辅助教学平台应用于课程教学中，提供丰富的练习题库，将程序设计学习分为入门、进阶和提高三个阶段，上机实验项目分为基础训练、综合训练和拓展训练三部分内容，但是缺乏定量教学效果分析。李文彬等提出了基于微课的翻转课堂教学模式，需要学生事先预习，仍然没有教学效果分析，而且制作微课需要花费教师大量时间，不具有可推广性。刘华蓥等将慕课教学模式应用于C语言程序设计，在一定程度上提高了教学效果，但是效果不显著，提高分数在1.07~4.21分。慕课也需要教师制作大量视频。鲁红英提出了构建教材体系完善、教学资源丰富、教学手段先进、教学评价合理、考核方式差异化的教学体系，但是理论和实践分离，缺乏定量的教学效果分析数据。事实上，我们以前采用传统的教学模式，教师精心准备课件，讲得非常全面但很费力，而教学效果并不理想，上机考试及格率通常只有40%~50%。梁新元提出了一种教学过程管理方法，能较大幅度提升学生实践能力，上机考试及格率达到70%左右。对于计算机专业来讲，笔者对这样的教学效果仍然不满意，学习效果仍然没有达到理想目标，而且教师批改作业的工作量太大，不具有可推广性。

现有文献提出的这些教学模式均在一定程度上激发了学生的学习兴趣，增强了学生的动手能力，取得了一定的教学效果，但是大部分都缺乏定量效果分析，教学效果并不明显。这些文献都无法提供教学效果有效、可操作性强的教学模式。本文采用对分课堂教学法，试图通过对分课堂和讲练结合法增强教学方法的有效性，从而提供有效、可操作性强的教学模式。

三、对分课堂

对分课堂教学法是复旦大学张学新教授提出的高度原创的新教学模式，2014年在复旦大学本科课程中取得良好的教学效果，目前已推广到全国上千所高校的数千门课程和数百万学生群体中，覆盖“人文理工医、外语音体美”等各个学科。

对分课堂将课堂教学过程预设为在时间上清晰分离的三个环节：讲授（presentation）、吸收（assimilation）、讨论（discussion），也可简称为PAD课堂（PAD Classroom）。教师让出部分课堂时间，交给学生掌控、主导，形成师生对分课堂的格局，使课堂教学发生了结构性变革。对分课堂的核心理念是把一半课堂时间分配给教师进行讲授，把另一半课堂时间分配给学生以讨论的形式进行交互式学习。类似传统课堂，对分课堂强调先教后学，教师讲授在先，学生学习在后。对分课堂教学法能充分调动学生的学习积极性，提高学生的学习兴趣，提升课堂教学的质量，实现教师的职业价值。对分课堂形成“以学生为主体、以教师为主导”的教育新理念。陈瑞丰认为，课堂教学过程改革的核心是要变“预设与执行”的执行式课堂为“预设与生成”的生成性课堂，对分课堂有效形成了生成性课堂，实现了师生权责对等。杨淑萍认为，对分课堂教学模式是一种强调师生双方主体作用发挥的新型课堂教学模式，使教学活动回归到教与学的双主体双边互动，以达到教学相长的目的。沙保勇等通过实证分析证明，对分课堂能提升学生的期末考试成绩，使学生掌握良好的学习方法，锻炼学生学以致用的实践能力，促进学生对知识的内在消化吸收，保障学生进行自主性学习。

因此，对分课堂能够实现以学生为中心，充分调动学生学习积极性，从而有效提高程序设计类课程的教学质量，培养核心素养和实践创新能力。

四、基于对分思想的课堂教学模式

教学是教师的教和学生的学所组成的一种人类特有的人才培养活动。当前整个教学设计理念从“以教师为中心”转向“以学生为中心”。对分课堂把课堂教学分为讲授、内化吸收和讨论三个阶段，也可以将其再分为五个关键环节，即讲授、独立学习、独立做作业、小组讨论和全班交流。我们在 2017 级计算机专业 2 个班（以下简称 2017 级）和 2018 级计算机专业 3 个班（含物联网专业，以下简称 2018 级）的 C 语言程序设计课程教学中运用了对分课堂，采用理实一体化方式实现讲练结合。我们称之为理实一体化的对分课堂教学模式。

（一）课前准备

课前准备主要包括教师准备和学生准备两部分。教师准备主要就是设计教案和制作课件。我们采用对分课堂思想指导下的讲练结合法，强调讲授和课堂上机练习一起进行，需要设计教案才能有效地进行课堂控制。学生准备部分主要包括准备笔记本电脑、安装软件和课前预习。对分课堂不主张预习，因此我们在平时上课前不要求学生预习。我们曾要求 2017 级的学生预习，其中一个班的大部分学生会预习，另一个班的大部分学生不预习，但发现预习效果并不理想。因此，我们对 2018 级的学生就没有再要求预习。教学实践证明，不预习也不会影响教学效果。

（二）课堂讲授

课堂教学主要采用讲练结合法，就是教师讲授和学生上机练习交替进行，这里又可以称之为理论和实验一体化教学方式，简称理实一体化（见表1）。教师讲完知识点和案例之后，马上会安排一定时间让学生上机完成指定练习任务，之后教师再讲解下一个知识点和案例，学生再完成下一个练习任务，如此循环往复。讲练结合法就是教师讲完知识点和案例后，布置课堂作业让学生马上练习相关知识点，及时消化教师所讲授的内容。传统讲授法容易导致学生能听懂但是不能编程，造成学习效果不理想；讲练结合法主要针对程序设计类课程实践性非常强的特点，让讲练结合，使得学生更容易理解和运用所学知识点。

表1　理论课的授课执行表

步骤和时间	执行任务
第一步 25 分钟	教师讲解：5.1 while 语句，案例 5-1 和案例 5-2
第二步 15 分钟	验证实验：学生完成案例 5-2，教师随堂走动答疑
第三步 6 分钟	教师讲解：案例 5-3 和案例 5-4
第四步 14 分钟	教师讲解：5.2 do-while 语句，案例 5-6、案例 5-7 和案例 5-8
第五步 10 分钟	验证实验：学生完成案例 5-6，教师随堂走动答疑
第六步 10 分钟	教师讲解：5.3 for 语句，案例 5-9、案例 5-10 和案例 5-11
第七步 10 分钟	验证实验：学生完成案例 5-9 或案例 5-10 和案例 5-11，教师走动答疑

在传统课堂中，教师必须讲得事无巨细、全面、生动、透彻。但是，对分课堂的讲授原则是精讲留白。在表 1 所示的授课执行表中，两节课 80 分钟，教师讲解 55 分钟，学生练习 35 分钟（超时 10 分钟）。教师讲授时间从原来的 80 分钟减少到 55 分钟，并且还要播放演示视频或进行现场演示。因此，教师只能精讲，即只讲授最主要的知识点及注意事项，不过分强调细节，不能讲得太细太全面。

实验课主要安排对分课堂的小组讨论、学生提问和教师解答。由于采用理实一体化方式进行教学，教师在实验课上也会安排讲授和练习任务（见表 2）。实验课要留大概一半的时间供学生上机练习编程，因此对分课堂上教师讲授的时间要大大减少。对分课堂需要实现高效授课，教师就要做到精讲留白。教师在讲解知识时只讲解主要内容和特别重要的语法注意点。对于不太重要的知识点，或者以前要花很多时间逐项讲授的语法细节，教师在课堂上很少讲，甚至不讲，而是作为留白部分，让学生在课堂练习和完成作业的过程中去发现和构建知识。学生通过“亮闪闪”展示自己的收获或解决了的问题，或者通过“帮帮我”提出针对性的问题。在对分课堂中，教师一定要“去以自我为中心化”，一定要抑制住“特别想讲”的冲动，做到精讲少讲。

表 2　实验课的授课执行表

步骤和时间	计划任务
第一步 15 分钟	学生分组讨论（以上周完成的作业为讨论主题）
第二步 10 分钟	学生代表小组提问
第三步 25 分钟	教师回答并讲解作业
第四步 15 分钟	教师讲解：案例 5-12
第五步 15 分钟	验证实验：学生完成案例 5-12，教师随堂走动答疑
第六步 10 分钟	教师讲解：5.2.1 break 语句与 continue 语句，案例 5-13、案例5-14、案例 5-15
第七步 8 分钟	验证实验：学生完成案例 5-13、案例 5-14、案例 5-15，教师随堂走动答疑

（三）内化吸收

对分课堂中的内化吸收分为独立学习和独立完成作业两个环节。

独立学习的主要内容是读书、复习、练习、独立思考和总结等。独立学习可以放在课堂上完成，但更多时候是放在课后完成的。在表 1 所示的理论课的授课执行表中，学生上机练习 35 分钟，需要完成验证性实验和少量的改写实验，这就是进行独立学习。在表 2 所示的实验课的授课执行表中，学生上机练习 23 分钟，这也是进行独立学习。在模仿编程的过程中，学生内化吸收教师讲授的知识，提升了编程实践能力。因此，学生的课堂练习就是独立学习。

独立做作业是非常重要的内化环节，也是后面讨论环节进行的基础。课后学习的主要内容是读书、复习、独立思考、总结归纳和完成作业等。其中，作业是连接讲授与讨论的核心环节，是对分课堂成功的关键和实施对分教学的最重要抓手。张学新教授认为，作业的目的是引导、督促学生进行课后复习，保证其理解基本内容，为深入、有意义的小组交流和讨论做好铺垫和准备。我们在2017级和2018级C语言程序设计课程教学中每周布置1次实验作业，每章布置1次理论作业。对每次实验作业，一般布置4道编程题，相当于进行设计性实验，起到检验、引导和督促学习的作用。我们让学生在完成作业时写好“亮考帮”，在下一周的课堂上将其作为讨论的工具，实现隔堂对分。“亮考帮”是“亮闪闪”“考考你”“帮帮我”的简称，其中“亮闪闪”用于展示本次学习的收获；“考考你”是指本次学习中存在自己会了而其他同学可能不会的知识，或者帮老师出一些题目来考查他人；“帮帮我”是指本次学习中自己不会的问题。“亮考帮”是讨论的工具，也是教师了解学生作业情况的依据。

为了保证独立完成作业，我们对于抄袭作业者进行严惩，抄袭1次记3次0分，有效保证了学生的内化吸收。

（四）讨论互动与反馈

对分课堂把教师讲授和学生讨论在时间上错开，让学生进行自主学习和个性化吸收。本堂课讨论上堂课讲授的内容，即“隔堂讨论”，是对分课堂与传统讨论式课堂的根本不同，是对分课堂的关键创新。

我们在课堂上采用了对分课堂法，实现课堂讨论和师生互动。课堂讨论环节分为小组讨论、教师抽查、自由提问、教师总结等部分，后三个环节也可统称为“全班交流”。小组讨论通常以3~4人为一组，讨论时间为10~20分钟。我们要求学生围绕作业，特别是“亮考帮”，互相切磋学习，共同解决问题。小组讨论解决不了的问题，再通过全班讨论解决。学生通过小组讨论培养批判性思维、沟通能力和团队协作能力。我们在2017级和2018级的教学中，将对分课堂的小组讨论主要安排在每周的实验课上，时间安排如表2所示。我们在2017级的理论课上安排了3次讨论后，发现时间不好安排，后来所有班级都在机房进行课堂讨论和提问。讨论是针对上次的作业进行的，采用隔堂对分，没有采用当堂对分。

为保证小组讨论效果，我们主要从固定分组、随机指定小组主持人、制定提问记录表和发送作业批改情况等方面着手，有效地提高课堂讨论质量。首先，我们采用随机方式进行固定分组，每次课不再重新分组。半学期后，我们根据学生意愿进行一次小组调整，大部分小组不会要求调整，小部分小组会要求调整。其次，我们在每次讨论中临时指定小组主持人。理工科学生不爱说话，分组讨论有时比较困难从而无法实现讨论，为了提高讨论效率，我们每次指定讨论负责人轮流主持该小组讨论，有效地提升了讨论效果。再次，我们制作了如表3所示的班级提问记录表。这个表是教师在提问时使用的，记录哪些同学被问过，每次随机指定若干个主持人提问，目的是保证大部分同学都被抽到。最后，我们发布了作业批改情况。在机房上课讨论之前，教师会将学生的实验作业及其批改情况、优秀典型和主要问题都发给学生，这样学生也容易有讨论的话题，使得讨论更容易进行。在教室上课，即使教师先将作业批改情况传到网上，很多学生也会忘记下载。这就容易使一些小组没有讨论的话题，使得讨论无法进行。在小组讨论过程中，教师走动观察学生的讨论情况，既不评价也不介入小组的讨论。

表 3　班级提问记录表

小组编号	成员	组类序号	2018 级物联网班的讨论次数与提问情况									
			1	2	3	4	5	6	7	8	9	10
1	肖雨璠	1					√					
	郑根生	2							√			
	安菀	3			√							
	刘洁平	4								√		
2	刘成亮	1										
	秦崇雁	2		√				√				
	邵正婷	3							√			
	勾银川	4								√		
3	胡冰洋	1	√									
	胡吉杰	2										
	龙京秀	3										
	牟联香	4				√						
4	洪萁	1					√					
	罗睿	2		√								
	阮俊杰	3							√			
	谭燕萍	4								√		

学生讨论之后就是提问环节，教师会随机抽取学生提问，记录学生的主要收获与问题，教师针对学生的问题进行回答，最后对批改的作业中存在的主要问题进行简单讲解，同时也展示优秀典型。在整个教学过程中，教师要求整个小组坐在一起，学生在课堂练习阶段可以彼此小声讨论和帮助同学解决问题，教师也会在教室巡回走动帮助学生解决问题。

五、对分课堂教学模式的改革实践效果

教学改革的成果主要体现在提升了学生的学习效果、培养了学生的

核心素养、减轻了教师的负担、增强了教师的职业幸福感。

（一）提升了学生的学习效果，学生学习的积极性和主动性增强，强化了对编程方法的学习

学生增强学习的积极性和主动性，用心完成作业。在2018级的理论作业中，笔者第一次采用读书笔记的作业形式，最初担心读书笔记不适合理工科学生。实践证明，大部分学生的读书笔记都做得非常用心，60%~70%的学生的读书笔记非常好，很好地起到了总结归纳的作用。

通过课堂练习，学生强化了对编程方法的学习，实践能力得到大幅度提升。这充分说明了教学方法的改革取得了良好的效果，表明对分课堂教学法大大优于传统的教学方法。我们通过对2017级和2018级进行对分课堂教学方法的改革，使学生的编程能力有了很大的提高，平均分、优秀率、优良率和及格率都大幅度提高，其中及格率可以达到90%以上。对分课堂教学班与传统教学班（2014~2016级）相比，教学质量有较大程度的提高，及格率提高47.63%，优秀率提高45.74%，优良率提高57.35%，平均分提高33.45分（达到86.24分），平均代码行提高80.88行（达到130.88行）。大部分学生从不会编程变为能够熟练编程，使编码更加规范，具备了初步的工程意识。

（二）实现了学生的交流和互动，提升了学生的表达能力、思辨能力和合作沟通能力，培养了学生的核心素养，并且实现了教学相长

小组讨论环节非常好，学生的提问非常精彩，收获满满，教师不需要事先预设问题，学生能将教师留白部分的内容补充起来。两个年级对分课堂的小组讨论安排在每周的实验课上，几个班在分班上实验课时进行课堂讨论和提问。学生提问积极，问题非常有代表性。原来在传统课堂上，教师需要仔细讲解应注意的问题和细节问题，现在学生基本上都能通过小组提问（“帮帮我”）提出问题，或者通过收获部分（“亮闪闪”）解决问题。总体上，80%~90%的学生能积极参加讨论，实现生生互动。尤其让人欣慰的是，2017级计算机2班、2018级计算机2班和2018级物联网班的学风较好，课堂气氛活跃，学生讨论非常激烈，计划的10分钟讨论常常不得不延长到20分钟。教师实在不忍心打断学生激烈的讨论，宁愿压缩后面的讲解内容和时间，也要让学生多讨论一会儿，因为学生通过小组讨论能够学习知识和解决问题。对于这些班级的学生提出的许多深刻而精彩的问题，有时教师无法当场回答，只好在课后去找答案，在下次上课时再回答，这也促使教师反思，实现了教学相长。

（三）实现了精讲留白，转变了教师的角色，实现了“以教为主”向“以学为主”的转变，减轻了教师的负担

在对分课堂中，教师由“满堂灌”的讲授者转变为学生学习的促进者和帮助者，成为学生学习活动的组织者、学习过程的导学者。因此，在课堂教学过程中，教师并不占用全部时间讲授，只是精讲主要内容，留一部分时间给学生进行课堂练习、小组讨论和全班交流。在课堂练习过程中，教师注重学习过程的指导。

对分课堂教学法减少了教师上课讲授的时间，使得教学过程更加轻松。教师可以只用一半的课堂时间甚至 1/3 的课堂时间完成讲授，将其余时间交给学生进行内化吸收、小组讨论和全班交流。C 语言程序设计课程共 80 学时，理论讲授 48 学时，实验讲授 32 学时。实际上，由于放假，该课程通常只有 72 学时，再去掉期中和期末的上机考试，教师只能安排 68~70 学时，其中实验讲授 24~28 学时，因此课堂教学时间非常紧张。传统教学方式下教师通常讲授 48 学时，而教师采用对分课堂教学法时，向 2017 级讲授 26. 35 学时，向 2018 级讲授 29. 85 学时，均不超过 30 学时。在对分课堂中教师讲授时间大大缩短（见表 4）。因此，对分课堂实现了高效授课，做到了精讲留白。教学实践充分证实了对分课堂的精讲留白理念的可行性。

表 4　2017 级与 2018 级的课堂时间对照表

单位：学时（1 学时=40 分钟）

年级	教师讲授	学生练习	学生讨论	提问	教师回答和讲解习题
2017 级	26. 35	33. 25	3. 05	2. 75	6. 875
2018 级	29. 85	24. 8	2. 625	2	5. 2

教师采用对分课堂教学法，一天连续上 8 节课也比以前轻松多了。传统的讲授方法下，教师往往用完 48 学时还讲不完教学内容，或者是非常紧张地讲完教学内容，无暇顾及学生的感受，不能给予时间让学生充分思考和消化。如果讲不完，教师就常常占用实验课时间。据统计，实验课上教师还要讲授 20~60 分钟，通常讲授 40 分钟，造成学生上机时间严重不足。从表 4 可以看出，在对分课堂背景下，学生课堂上机练习时间增加，达到 25~34 学时，增加了学生知识内化的时间。另外，学生讨论大概 3 学时，提问 2~3 学时，教师回答和讲解习题 5~7 学时。

另外，对分课堂的作业批改非常简单，大大减少了教师批改作业的

工作量，减轻了教师的工作负荷。作业批改能够让教师了解学生的学习情况，也能起到学习反馈的作用。在传统教学过程中，教师批改作业非常耗时。例如，精确批改一个容量为45人的班级中1/3的学生的实验作业需要5小时，3个班则需要15小时。这就造成教师工作负荷过重，使得班级增多的情况下教师无法有效批改作业。对分课堂的作业批改分为3分、4分、5分共3个等级，实现简明分层。作业批改从完成、态度与新意角度进行评价，应付完成但只要上交就评定为及格3分，态度认真评定为良好4分，有新意和创意评定为优秀5分。因此，采用对分进行简明分层，只需要分为优秀5分、良好4分和及格3分共3个等级，教师就可以快速完成作业批改。2018级3个班级168名学生，人数较多，因此我们将作业按照1/6、1/3、1/2的比例进行详阅（给出分数和简短评语）、简阅（只给出分数不给评语）和不阅（只检查是否提交）。采用对分方法批改作业可以实现5小时完成实验作业批改，2.5小时完成理论作业批改，大大减小了教师的作业批改工作量。对分课堂下的作业批改方式相对于传统的精确批改方式在实验作业方面的耗时就减少了10小时。对实验作业，教师采用传统作业批改方式平均每个学生的作业需要批改15分钟，采用对分课堂下的作业批改方式实现详阅平均每个学生只需要7分钟，简阅平均每个学生只需要1.4分钟。对理论作业，教师采用传统作业批改方式平均每个学生的作业需要批改10分钟，采用对分课堂实现详阅和简阅只需要1.4分钟。

另外，对分课堂还减少了教师课后答疑的工作量，减少了备课美化课件的工作量。在课后，学生还可以通过QQ向教师提问，教师有时间时可以给予个别解答。采用传统教学方式，学生课后会通过QQ等工具问教师很多问题，增加了教师的负担；采用对分课堂教学法后，学生课后在QQ中很少提问，大大减轻了教师的工作负荷。

（四）增强了教师的职业幸福感

通过教学改革与实践，学生的实践能力大大提升，学生对教学的满意度提高。在期末总结和问卷调查中，大部分学生对对分课堂教学方法表示认可，大部分学生由衷的感谢提升了教师的职业幸福感。我们通过教学实践发现，学生是如此可爱，他们活泼、富有激情、充满学习的欲望，并不像之前在传统教学方式下认为的学生不好学、不好教。看到大部分学生好学上进，非常认真地做作业、总结以及画思维导图，这就真正提升了教师的成就感和职业幸福感。学生激烈讨论，能够有效提出主要问题，甚至常常提出很有深度的问题。采用对分课堂和讲练结合的教学方法，教师讲课时间大大减少了，讲授更为轻松。每周有 6 节课，但是教师不用每周讲授6 节课，可以减少到讲授3 节课甚至2 节课，将大部分时间都交给学生讨论和实践练习。教师不用面面俱到地讲授编程语法的每个细节，主要讲重要知识点和易错的编程语法点；不用将书上或课件上所有的例子都讲授，只需要挑选重要的、有代表性的 1/2 或 1/3 数量的例子进行讲授和展示。总的说来，教师讲得更少，教得更轻松，学生更有收获。

六、结语

教学实践证明，本文提出的理实一体化的对分课堂教学模式对于 C 语言程序设计课程教学质量的提高是一种行之有效的方法，能够有效地实现讲练结合，大大提升了学生的学习效果和实践能力，能够有效增强学生的思辨能力、归纳总结能力和交流合作能力。教改实践证明了本文提出的对分课堂教学模式的可行性，减少了教师的工作量，提升了教师的职业幸福感，具有很强的可操作性和可推广性。

当然，本文提出的方法还存在许多不足，需要进一步改进、调整和完善，值得进一步探讨如何提供更加有趣且合适的教学材料，如何采用更好的方法激发学生学习的兴趣从而更好地调动学生学习的积极性，提升学生的学习能力和逻辑思维能力；需要进一步优化教案和作业批改方案，减少教师工作量，调整教学方法以便更具有普适性和可推广性。

参考文献：

[1] BRUCE JOYCE，MARSHA WELL，EMILY CALHOUN. 教学模式［M］. 8 版. 荆建华，宋富钢，花清亮，译. 北京：中国轻工业出版社，2009.

[2] 沈超. 美国教学模式述评：布鲁斯·乔伊斯《教学模式》第八版［J］. 邢台职业技术学院学报，2012，1（2）：32-36.

[3] 鲁红英，肖思和，孙淑霞.“C/C++语言程序设计”课程教学改革与实践［J］. 计算机教育，2013（7）：95-98，102.

[4] 赵珊，贾宗璞.“C 语言程序设计”课程教学模式改革方案探讨［J］. 科技资讯，2011（3）：185-187.

[5] 黄群. C 语言程序设计课程教学设计探讨［J］. 计算机教育，2010（5）：78-81.

[6] 陈洪超. 项目教学法在“C 语言程序设计”课程中的应用［J］. 重庆电力高等专科学校学报，2012，17（3）：29-30，36.

[7] 左永文. 案例教学法在"C 语言程序设计"课程中的应用 [J]. 科技创新导报，2012（18）：175-175.

[8] 陈刚，朱晓燕. 江汉大学"C 语言程序设计"课程教学改革 [J]. 计算机光盘软件与应用，2012（7）：245-246.

[9] 李敏杰，吕橙，王雅杰."C 语言程序设计基础"的教学改革与实践 [J]. 现代计算机（专业版），2012（8）：45-49.

[10] 李文彬，杨勃，潘理，等. 基于微课的翻转课堂教学模式在《C 语言程序设计》课程中的探索与实践 [J]. 现代计算机（专业版），2017（2）：58-61.

[11] 刘华蓥，时贵英，李瑞芳，等. MOOC 教学模式在 C 程序设计课程中的应用 [J]. 信息技术，2016（7）：156.

[12] 梁新元，《C 语言程序设计》教学过程管理的改革与实践 [J]. 现代计算机，2018（6）：62-67.

[13] 张学新. 对分课堂：大学课堂教学改革的新探索 [J]. 复旦教育论坛，2014，12（5）：5-10.

[14] 张学新. 对分课堂：中国教育的新智慧 [M]. 北京：科学出版社，2017.

[15] 陈瑞丰. 对分课堂：生成性课堂教学模式探索 [J]. 上海教育科研，2016（3）：71-74.

[16] 杨淑萍，王德伟，张丽杰. 对分课堂教学模式及其师生角色分析 [J]. 辽宁师范大学学报（社会科学版），2015（5）：653-658.

[17] 沙保勇，李昱辉，徐峰，等. 对分课堂教学模式在医学细胞生物学教学中的效果 [J]. 广西医学，2018，40（18）：2247-2249.

[18] 张学新. 对分课堂：一种新的教学法 [J]. 复旦大学教与学专刊，2014（2）：1-2.

模块化的C程序设计实验课大班教学改革探索

郭 静

摘 要： 对于大多数高校来说，程序设计课几乎都是必修课。很多理工科专业都学习C程序设计。该课程又被细分为联系紧密的C程序设计理论课和C程序设计实验课。在师资不充足的情况下，这门课的很多教师一个学期就承担了向超过200名学生授课的教学任务。这些学生在编程方面有着不同的兴趣、背景和经验，这对教师的教学实践既是挑战也是机遇。本文介绍了模块化的C程序设计实验课大班教学在组织和管理方面最新的改革经验。相比于传统的小班教学，在这种新教学模式下，学生的不及格率大幅降低。这种教学改革让学生更清楚地通过每个阶段的成绩等级认识到自身的编程水平，同时促使教师向已经在中学打下编程基础的学生传授强化的编程技能以及提出更合适的挑战。

关键词： 程序设计；实验课；模块；阶段；评估

一、概述

C程序设计理论课和C程序设计实验课是几乎所有理工科专业新生的必修课。不同学科背景的新生对这两门课程的兴趣和学习目标具有多样性。多年来，虽然C程序设计理论课的不及格率不高，但C程序设计实验课的不及格率却超过15%。这些不及格的学生通常经过寒暑假的复习，虽然其中部分学生可以在新学期开学通过补考最终获得C程序设计实验课的学分，但是这些学生和任课教师都更希望其能一次性通过考试。由于实验课不同于理论课，其复习很依赖于教师的指导，补考仍然有一半以上学生不及格，他们则需要重修这门课程。重修的学生或者需要额外挤出时间来跟着下一届学生上课，或者需要教师占用周末时间为这些重修的学生开班授课。这都是对教学资源的浪费和占用，尤其在编程实验室本就紧缺的情况下。即使这样，仍然有部分学生成绩不及格，甚至每年都有2%左右的返校重修重考的毕业生来参加编程实验课的学习和考试。这严重打击了这些学生的学习自信心，也令教师在教学中颇为沮丧。

长期从事C程序设计实验课的教师反映，有基础的学生很快熟练掌握知识和技能，部分没有基础且掌握不够牢固的学生因为整个班级甚至整个年级的教学进度，不得不继续下一章节的实验内容。每一章节的实验内容环环相扣，前面章节编程技能的不熟练使得他们在后面章节的学习中逐步吃力，长此以往，最终丧失学习积极性，不少这些学生最终没法及格。我们一致认为这是该课程不及格率较高的主要原因。本文探索一种模块化的教学改革模式，设计新的教学大纲、授课计划、一系列学生的实训手册以及成绩评定方案。这种教学模式是在每个任课教师的所有班级里实行的，实验课将每个小班学生融合在一起组成大班，旨在取得更好的教学效果，降低不及格率。

二、重组实验课

C程序设计实验课虽然在很多高校单独开设，但它与C程序设计理论课相辅相成，不能独立于理论课单独开设。理论课在教室教学生编程的理论，而实验课通过在机房进行适当的编程实训来帮助学生巩固理论知识和增加学生的编程技能与经验。其典型的教学模式是采用传统方法，每周进行一次机房编程实训，这些实训严格遵循了本周理论课讲授的内容。这种传统模式下使用的理论和实验教材，尽管清晰、相对准确和简洁，但是未能持续让所有学生产生学习兴趣。为此，我们将实验课教材重组为4个模块，为每个学生提供了一种灵活的操作模式，学生可以根据他们的需求、能力、兴趣等来调整各自的学习目标。这些模块是围绕学生必须掌握的知识体系和技能而设计的，以便学生逐步学习。尽管实验教材中有一些创新的内容未纳入理论教材中，但这些创新的实验内容会在理论课堂上提前补充讲解知识要点后再安排在实验室编程实践中。改革的重要举措是不再让所有学生统一每周接收一个新的实验主题，而是根据每个学生的实际情况单独地为其安排每周主题。如果一个学生没有具备必要的进入下一个主题的编程技能，那他将通过其理论学习和实验继续当前的实验主题。因此，在一个实验室教学过程中，所有学生可能会被分在不同的实验小组中，这些实验小组进度不一。下面我们从各个方面描述课程的组织。

（一）学生分组

为了将学生归入合适的理论课课堂和实验室中，我们将理论课分为4组。其中，两组在上午上课，另外两组在下午上课。每周每组都有3节理论课。实验课每周安排10节。每天有两个实验室开放上课，一个上午开放，另一个下午开放。每个学生每周需要上3个小时的编程实验课。参加了上午理论课学习的学生，就参加下午的实验课实训，反之亦然。

教师每周在实验课上需要提供至少10个主题，供不同的学生进行实验室实训。教师评估学生在实验室所做的工作和完成的任务，并打分或评判等级。这些学生还参加了期中和期末的实验室考试。考试成绩占的权重较高，教师需要精心组织考试。每周的编程实验以及期中和期末的考试都进行了评估与打分。汇总这些考核结果得到学生的最终课程成绩。我们使用的成绩等级为AS（A星）、AA、AB、BB、BC、CC、CD、DD、F（不及格）。

（二）4个模块和技能期望

我们将实验室实训内容重组为4个模块。每个模块都包含多个阶段，每个阶段包含学生在每周实验课中可以（或被允许）完成的最大工作量。一个模块结束时有一次评估检查。学生达到一定的水平才能进入下一个模块的学习。学生在考试中成功完成模块1将获得DD等级。学生成功完成了模块2将获得CC等级。学生成功完成了模块3和模块4将获得BB等级和AA等级。DD、CC、BB和AA等级基于学生在考试过程中的表现确定，其他等级是根据学生在实验室的表现确定的。每个模块包括多个阶段，每个阶段有实训和测试手册。一个阶段结束时教师才能确定学生是否可以进入下一阶段的实训。这些模块的内容和技能要求如下：

1. 模块1：顺序语句

模块1有两个阶段，考核目标是能够编写几行长的简单程序。同时，学生要具有使用基本Unix命令和文件、创建和编辑程序文本以及编译和运行C程序的能力。在程序中，学生应该能够声明和使用int变量，使用简单的算术运算符编写表达式，并能够用stdio中的printf（）函数输出显示int值。该模块与使用计算器解决计算问题所需的能力紧密相关。学生要使用计算器，需要了解公式，保存中间结果，确定计算值的适当顺序并能够显示结果。

2. 模块 2：流程控制和编程决策

模块 2 由 3 个阶段组成，考核目标是能编写包含单个函数 main（）的程序。同时，学生要熟练掌握 stdio 中的 printf（）函数和 scanf（）函数、整数、浮点变量和值、算术和布尔值表达式、if 和 switch 语句、循环以及 assert。其中，我们不对 assert 做强制性要求，但仍然建议学生学会运用，因为它与布尔表达式密切相关，并有助于异常处理。该模块不包含数组或结构。

3. 模块 3：数据和功能抽象

模块 3 标志着高级编程的开始，主题更加高级和成熟。只有熟练掌握了模块 2 中技能的学生才可以进入该模块的实训。该模块分为 3 个阶段，最后一个阶段也作为下一模块的第一阶段。该模块实际上包括所有 C 程序结构。学生要求掌握的技能包括数组、结构、函数、参数传递（按值调用和按址调用）以及递归。这个模块也要求学生能使用指针，但仅用于在调用和被调用函数之间传递参数与结果。如果对于上述内容学生都掌握得很好，为了控制进入模块 4 的学生人数，我们可考虑在这一模块中再加入回溯，避免大量学生涌入模块 4，对模块 4 的教学造成过大压力。

4. 模块 4：数据结构、算法、文件

模块 4 除了共享模块 3 的最后阶段，还有另外两个阶段。学生需要深入了解 C 指针及其在构建简单数据结构（列表和堆栈）中的用途，还要掌握多文件程序、一些基本的面向对象程序以及与文件相关的输入输出 stdio 库函数。

（三）模块和阶段

表 1 总结了模块、阶段及实训主题。模块是编程技能和知识的可检验单元。学习这些技能在实验课上分阶段进行。每个学生在每一个阶段的进度都由任课教师在上课中进行评估和记录。每个阶段都包括统一知识点讲解和实验实训指导。尽管讲解涵盖了相关知识，但我们还是为每个阶段编写了一份详细的实训手册。每份实训手册都建议并解释了必要的动手任务，以便学生在实验之前或实验期间进行参考。我们鼓励学生相互讨论以寻求帮助，必要时多向教师咨询。

表 1　模块、阶段及实训主题

<table>
<tr><th>模块</th><th>阶段</th><th>实训主题</th></tr>
<tr><td rowspan="2">模块 1</td><td>阶段 1</td><td>Unix 命令</td></tr>
<tr><td>阶段 2</td><td>各种基本语句</td></tr>
<tr><td rowspan="3">模块 2</td><td>阶段 1</td><td>常量和变量及其输入与输出</td></tr>
<tr><td>阶段 2</td><td>条件控制结构和 assert（）</td></tr>
<tr><td>阶段 3</td><td>循环语句、各种运算符</td></tr>
<tr><td rowspan="3">模块 3</td><td>阶段 1</td><td>函数</td></tr>
<tr><td>阶段 2</td><td>数组、结构、字符串</td></tr>
<tr><td>阶段 3</td><td rowspan="2">递归函数、指针</td></tr>
<tr><td rowspan="3">模块 4</td><td>阶段 1</td></tr>
<tr><td>阶段 2</td><td>数据结构（列表和堆栈）
面向对象、头文件</td></tr>
<tr><td>阶段 3</td><td>文件</td></tr>
</table>

此外，每个阶段都有多个（至少 10 个）向学生开放的自我测评题，并且今后每个阶段的自我测评题数量会不断增加。当学生完成每个阶段的实验实训后，他们将会得到一个随机选择的自我测评题来检验技能掌握情况。如果他们能够独立完成，教师就可以根据表 2 所示的阶段评估测试指标清单，评判其是否完成该阶段的学习。评估结果有“持续”“良好”“优秀”3 种。只有获得“优秀”的学生才能进入下一阶段。获得“继续”或“良好”的学生必须继续留在本阶段完成下周的实训。

通常，一周内不允许学生进行多个阶段的评估。但是，在前一周获得“良好”评分的学生可以在本周实验开始时再次进行新的评估。根据评估结果，教师可以灵活地为其分配实验实训主题，以展示其在该阶段的技能。然后，学生可以在实验课中完成下一阶段的主题实训。这种安排可以确保学生在实验室中取得持续的进步。学生必须至少完成一个模块中的两个阶段，才有资格参加模块考试和获得该模块的成绩。这种安排可让那些因请假或缺课而自学达标的个别学生赶上进度。

表 2　阶段评估测试指标清单

指标	测试指标内容	学生	教师
1	程序是否有适当的注释、注释是否对理解程序代码有帮助		
2	程序中的注释数量是否足够		
3	演示程序中是否包含程序员姓名和创建日期		
4	程序代码中是否包含足够的常量		
5	变量的定义和使用是否正确		
6	所有指针变量是否必须与非指针变量区分开来		
7	变量类型的声明是否合适		
8	程序是否正确缩进并易于阅读和理解		
9	程序代码是否至少要有两个有用的 assert（）声明		
10	程序是否能运行、结果是否正确		

（四）模块考试和课程评分

这种新举措为学生的学习进度带来了很大变化。主要表现如下：

第一，在一个实验室里，学生实验的模块往往是不同的；

第二，即使在同一个模块里，学生所在的阶段也可能不同；

第三，在同一个阶段的学生所参加的阶段评估测试也可能不同；

第四，所有学生的模块考试时间是一致的。

图 1 为课程评估和模块阶段进程图。最后一个培训阶段要与课程评估相匹配。部分有天赋的学生可以仅通过两个培训阶段后就尝试进行对应模块考试，以赶上其请假或缺课等落下的进度。完成每个模块中的所有 3 个阶段后，学生获得的成绩等级将有一定提高。通过了第一模块的学生将获得 DD 等级或 CD 等级，通过了第二模块的学生将获得 CC 等级或 BC 等级，通过了第三模块的学生将获得 BB 等级或 AB 等级，通过了第四模块的学生将获得 AA 等级或 AS 等级。这样随着学习的深入，学生的成绩等级逐步提高。在所有阶段中均获得优异成绩的学生将获得最高等级 AS 等级。

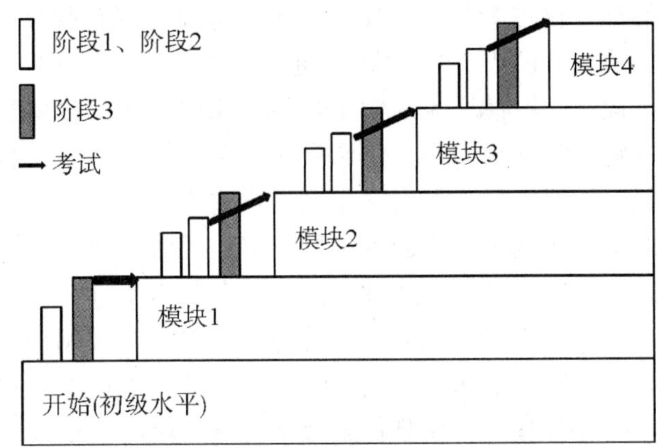

图 1　课程评估和模块阶段进程图

期中考试将依次考核模块 1 和模块 2 要求掌握的技能。毫无疑问，接近模块 2 要求的技能水平的学生将轻松快速地完成模块 1 的考试。考试开始时，所有学生都将先看到模块 1 的考试题。只有正确完成这些题的学生才能按步骤提示进入模块 2 的考试。无法解答模块 1 的考试题的学生可以要求再次尝试模块 1 的考试。因此，期中考试相当于为每个学生提供了两次小考，优秀的学生可以快速完成整个考试。为了给部分学生再次尝试模块 1 的考试的时间，期中考试时间设置为总时长 3 个小时。只有完成了模块要求的所有阶段的学习后，学生才被允许尝试模块考试。在期中考试结束后，无法通过模块考试的学生必须再次训练该模块。该课程的期末考试为期两周。学生每周可以进行一个模块的考试，每次考试时间为两个小时，在最后一个小时教师对到场学生进行评估。在期中考试中完成模块 n 评估的学生，才有资格在期末考试的第一周进行模块 $n+1$ 的评估。大部分学生能在期末考试的第二周顺利参加模块 4 的评估。

三、教改结果和经验

这种新的课程管理模式更好地使课程面向学生，并大幅提高了课程的及格率。同时，学生课程平均分也比往年高了约 12%。表 3 对比 2018 年传统教学模式和 2019 年新教学模式下两个人数分别为 198 人、213 人的大班中学生成绩等级情况。从中我们可以看出，新教学模式下，获得 B 段和 C 段成绩的学生人数明显增加。从 CD 等级和 BC 等级与 CC 等级和 BB 等级的比较中可以看出，从模块 2 和模块 3 的 3 个培训阶段开始，无法通过考试的学生仅占少数。在模块 4 中，这种趋势有所减缓。教师可以人工干预，采用对模块 3 的阶段 3（也是模块 4 的阶段 1）增加评估难度的方式，来控制学习模块 4 的学生数量。我们在此阶段增加了理论知识点和实训主题，如介绍回溯算法和安排相关的实训任务。虽然编程具有挑战性，但是类似的新主题对学生来说也非常有吸引力。学生在这一阶段评估中的第一次测试都为回溯问题。那些无法完成这个测试的学生的第二次测试则采用较简单的测试题。我们在对学生进行模块 3 的考试时，也可使用类似的挑战性方案。尽管特定情况下才采用该举措，但应将其视为新教学改革下的积极突破。渴望学习的新生也能够在编程基础课中学到复杂的编程技巧，这是传统教学大纲所没有的要求，也是“因人而异”的具体创新举措。

表 3　模块化教学改革前后学生成绩对比

等级	2018 年		2019 年	
	人数/人	所占比例/%	人数/人	所占比例/%
AS	1	0.5	6	2.8
AA	18	9.1	18	8.5
AB	19	9.6	22	10.3
BB	23	11.6	56	26.3
BC	21	10.6	22	10.3
CC	24	12.1	60	28.2
CD	25	12.6	10	4.7
DD	30	15.2	14	6.6
F	37	18.7	5	2.3

四、讨论

编程实验课中引入的新方案（每周课程、教学模式和评估实践）旨在为学生提供清晰明确的课程规划，让其了解他们的付出和取得的进步与其最终成绩具有紧密关系。学生为实现自己的学习目标和获得满意的成绩，可以自由计划和安排他们的学习时间。实验室长期开放，学生有很多机会进行实验室实践和参加评估测试，并且实验室拥有较好的学习环境，因为随时都有学生进行探讨，有教师对其进行指导。

该学科的教师普遍认为，新的教学模式使得学生的编程技能整体得到了提升。由于评估清单清晰明了，易于达成共识，因此学生与教师之间对成绩的异议也有所减少。虽然对于引入回溯算法以阻止高分成绩泛滥，个别学生有些不满，但从宏观方面看，该课程整体的及格率和等级分布无疑是非常令人欣喜的，也是理想的结果。今后我们会反复修订现有教材、实验室实训手册以及评估测试题库，力求在今后的教学秩序和师资分配上取得更好的效果。我们最开始也担心，对程序设计没有兴趣的学生在达到其目标成绩（D 级或 C 级）后将不再进入实验室实训。但是这种情况并没有明显发生，绝大部分学生有充足的学习干劲，他们始终想要学会新的编程技能，也想要获得更高的成绩等级，整学期都很投入，鲜有后半学期不再进实验室的现象，最终每个学生也都得到了与自己实力相当的成绩。

（一）抄袭问题

在实训和评估测试中，我们发现少量学生有抄袭现象。考试是课程成绩的主要决定因素，我们首要的是更好地监督考试。每周进行的实验室内部评估得到的成绩等级，仅对模块内部阶段的提升有帮助，对课程最终成绩的影响不大。由于我们的评估测试题库的题量不多，一些学生提前拷贝了不少类似程序，这些程序甚至直接打印输出就能实现预期的结果，这违反了评估清单的评估条款。这种情况通常是在教师很忙时发生的。教师虽然很难直接查出这些作弊的学生，但通过将学生的实验课成绩与理论课成绩进行比较会有一定发现。如果学生的理论课成绩不比实验课成绩低太多，则大概率证明其未作弊。如果学生的理论课成绩比实验课成绩低 30 分以上，则证明其有可能作弊。对这部分学生，教师可以对其再次进行评估测试。其他研究证明，虽然有些学生无法较好地完成理论编程题和多项选择题，但他们也可以在实验室通过编译调试等技能成功地编写程序。因此，实验课的再次评估测试不能仅仅靠抽问学生一些问题、让其书写一些代码来完成，仍然需要在实验室来完成。相信今后随着评估测试题库规模的扩大，该类抄袭现象将逐步减少。

（二）未来的建议

今后我们可以在以下几方面对教学管理做出改进：取消阶段评估结果中“继续”和“良好”这两个不同的等级；与每个学生面谈，以确保在进行阶段评估时该学生已完成实训；高度关注学生在评估测试中是否作弊；将学生的实践和评估代码从实验室机房的电脑中移除并保存在其他地方，以供今后抽查学生之间是否有作弊现象之用，也能确保其他学生每次使用的都是独立的电脑；开发一种检测软件，用于自动对指定的学生代码进行查重。

为了严肃考试纪律和方便考场监控，我们建议将模块 1 和模块 2 合并，从而将这门课程的模块减少为 3 个。目前的期中考试有连续两次评估，用时 3 个小时。今后模块 1 和模块 2 合并，期中考试只需一次评估，用时两个小时，这更易于监督和控制考场纪律。

五、结论

程序设计实验课的教学改革有 3 项主要成果。首先，针对性地安排实训课程，并定时给每个学生安排适合其需求和能力的主题。其次，学生成绩及格率大幅提高。最后，学生成绩更真实地反映了其编程能力。在这种教学模式下，学生的学习方案是阶梯渐进式的。这种教学模式不断地向学生提出新的挑战，持续调动了学生的学习积极性，学生的课堂参与度也大幅提高。具有较高编程水平的学生还能在实验室学到超出理论课大纲要求的编程技能。那些无法学习后续模块的学生感到他们错过了课程后半部分的实训，这需要教师向学生解释，很好地学习基础模块能更好地满足他们的需求，基础不牢固对学习后续模块没有任何帮助。

参考文献：

［1］陆志平，吴海涛，刘璇. 混合式教学模式在 C 程序设计课程教学中的应用［J].西部素质教育，2019（11）：179-181.

［2］VISHV MOHAN MALHOTRA，ASHISH ANAND. Teaching a university-wide programming laboratory［C]. Proceedings of the Twenty-First Australasian Computing Education Conference. Sydney，2019.

［3］梁静，李琦. 基于布鲁姆教育目标的 C 程序实验教学模式研究［J]. 计算机教育，2019（4）：68-71.

［4］ALIREZA AHADI，RAYMOND LISTER，SHAHIL LAL，et al. Learning programming，syntax errors and institution-specific factors［C]. Proceedings of the 20th Australasian Computing Education Conference. New York，2018.

结合商业模式的物联网控制技术课程创新的改革策略探索[①]

屈盈飞　严胡勇　李　明

摘　要：物联网控制技术是一门多学科交叉的课程，是驱动物联网高效应用的核心技术，而商业模式也是物联网行业发展的重要驱动力，两者之间存在一定的联系。将物联网控制技术和商业模式相结合，将有机会拓展物联网的创新空间，促进教育和相关产业发展。本文从商业模式与物联网控制技术结合的角度，探讨课程在理论内容、实验教学、实训方案等方面的改革策略，以提升学生独立思考和创新的能力，提高课程教学质量。

关键词：物联网；控制；商业模式；创新

一、引言

物联网（the internet of things，IOT）是指通过信息传感器、射频识别技术、全球定位系统、红外感应器、激光扫描器等各种装置与技术，实时采集任何需要监控、连接、互动的物体或过程，采集其声、光、热、电、力学、化学、生物、位置等各种需要的信息，通过各类可能的网络接入，实现物与物、物与人的泛在连接，实现对物品和过程的智能化感知、识别和管理。这个物联网的定义看似清晰，实则模糊，它着重介绍了物联网的各种感知技术，而对感知数据如何传输、向哪里传输、如何利用等方面却讲得比较简略。过去物联网被称为传感网。随着近些年第五

①　基金项目：重庆工商大学教育教学改革项目（项目编号：2018311），重庆市教委教育教学改革项目（项目编号：2018-GX-023）。

代移动通信技术（5G）、基于蜂窝的窄带物联网技术（NB-IoT）等通信技术和云计算、大数据、人工智能等信息技术的飞速发展，物联网的真实面目也越来越清晰，物联网是为降低成本、提高效率而生的。说到物联网如何提高效率，就需要提到物联网控制技术。

物联网控制技术以物联网为应用对象，通过融合与挖掘感知层收集的各种数据，进行智能化的决策与控制，是物联网高效工作的核心驱动力。目前，作为传输层关键技术之一的5G技术已经开始商用并大力普及，在未来，提升物联网的控制能力将是物联网技术发展的重点。这对物联网工程的教育来说既是契机也是挑战。作为专业核心课程之一的物联网控制技术，应当积极探索创新和改革，迎接即将到来的挑战。

物联网工程是重庆工商大学近年来新设立的专业，物联网控制技术是其专业核心课程之一，目前只有一届毕业生，其人才培养模式仍处于探索与发展阶段。从目前的物联网控制技术课程开设情况看，我们发现的问题主要有：课程内容与其他相关课程出现重复；理论知识较难理解，学生学习兴趣不高；实验与实践环节难以辅助理论教学；创新不足。我们注意到物联网控制技术与各个行业的发展相关性较强，而行业发展离不开商业模式，因此考虑结合商业模式探索物联网控制技术课程改革，以促进创新型应用人才培养。

二、商业模式与物联网控制技术

简单来看，商业模式（business model）好像讲的是赚钱方式，不过从更深的层面看，它关注的其实是产业或企业的价值和价值关系。首先是企业最为关心的方面——获取价值。为了获取价值，企业需要构建获取利润的严密逻辑，既要保证自身的利润空间，又要增强相对于竞争对手的竞争优势。其次是创造价值。这涉及价值产生的过程设计，包括生产地点、生产工具、生产流程、劳动力等一系列因素，这个创造价值的过程有较大的灵活性和优化调整空间。最后是价值的传递。这是企业可持续性发展的重要保证，它需要多个不同类型的经济体间相互沟通与协作，它与企业的长期战略密切相关。那么，物联网商业模式有什么特点呢？物联网控制技术在其中又扮演着什么角色呢？

物联网商业模式一般被描述为一个涉及各类商业活动主体、各种关系和完全流程的复杂的社会商业系统。这个概念同样比较模糊，我们用“复杂”来概括了物联网商业模式的特点。物联网商业模式也是商业模式，其本质不变，那么仍然可以从价值和价值传递角度来分析物联网所带来的变化。在获取价值方面，研究机构（Frost & Sullivan）的一份报告表明，物联网已经在诸多行业应用，其利润空间自然存在，至于竞争优势，物联网的加入本身就是竞争优势。物联网控制技术在利润空间的拓展方面表现较为出色。松下的洗衣机价格大大高于同级国产洗衣机就得益于其更好的控制效果。在创造价值方面，物联网通过监测生产流程的各项数据，一方面可以优化生产流程；另一方面更能及时发现故障，同时节省了劳动力，在降低生产成本、提高工作效率方面效果明显。物联网控制技术能保障生产流程的顺利执行，发现故障后及时进行处理，具有强大的执行力和驱动力。在价值传递方面，物联网在物流、交通方面的应用已经让人们的生活更加快捷便利，它在提高多个经济体之间的沟通效率方面具有很大优势，而物联网控制技术则在后续的协作方面发挥重要作用。综上所述，物联网商业模式是物联网技术在价值和价值传递的各个方面发挥作用进行优化的商业模式，这个优化过程带来了更多的经济体，物联网控制技术在优化过程中的驱动和执行环节不可或缺。物联网在各行业中的应用如表 1 所示。

表 1　物联网在各行业中的应用

技术	一般业务								公共	消费者
	汽车	设备间	金融	能源	健康管理	零售	物流	制造	公共公益	消费电子产品
通信技术	√								√	
追踪定位	√						√	√	√	√
远程监控	√	√	√	√	√	√	√	√	√	√
智能测量		√		√						
终端结算			√							
安全保障	√	√	√	√	√	√	√	√	√	√
相互通信					√					√

那么反过来看，物联网控制技术课程，或者扩大一点说工程教育，是否有必要对商业模式在教学设计中加以考虑呢？本文认为是有必要的。广义的工程不局限于设备、机械、过程和系统等要素本身，而是涵盖从需求到市场产品销售的全过程，既包含狭义的工程活动，也包括工程前期对社会背景的认识和实践，还包括工程后期对商业背景的认识和实践。

工程教育也应该在技术之外注意并培养这种综合能力，特别是培养本科学生的这种综合能力。目前，工程教育认证也很重视工程问题的复杂性。这种复杂性绝不仅仅是技术复杂，它同时兼顾工程的科学性、社会性、实践性、创新性等。物联网控制技术课程可将商业模式相关知识有目的地融入教学设计，这样将有利于学生了解资源节约、绿色环保对工程活动的影响，合理使用物联网技术，提高资源利用率和生产力水平，实现对工业、农业、商业等各方面的精细化、动态化管理。为此，本文在物联网控制技术的理论内容、实验教学、实训方案等方面提出了一些改革策略以供探讨。

三、多元化理论内容

目前，多数物联网控制技术课程和教材的理论内容是按照自动化专业的自动控制基础课程进行组织的，主要包括控制系统的基本概念、控制系统的数学模型、控制系统的时域分析法、控制系统的频域分析法、控制系统的校正方法、网络控制系统等，另外对过程控制系统、智能控制技术有少部分补充。从目前的理论教学情况看，这样的内容组织，产生的效果很不理想，给教师和学生都带来了很重的负担。对于教师来说，要在有限的40课时左右将64课时以上的内容讲完，这本身就是一个很大的挑战，更不要说让学生能深入理解。对于学生来说，前期所学的课程比较综合化、交叉化，而为控制理论学习打下的基础相对薄弱，这样就使得学习难度增大，学生厌学情绪逐渐高涨。

既然学生前期的课程比较综合，那么对于物联网控制技术课程来说，对控制理论进行合理取舍，加入更多元化的理论知识，将有利于学生结合自己已学的课程，巩固旧知识，获取新知识。例如，控制理论中比较注重按照物理学方法对系统进行数学建模，然后进行稳定性分析等。这对于物联网控制来说，就显得不太适用，因为物联网本身就具备复杂性，有更多的因素介入，那么想要进行数学建模就相当困难，即便建立了模型，也难以保证与实际相符。学生学习了这些内容应该如何应用呢？教师应将理论的侧重点放在智能化控制方法上。智能化控制方法不依赖于数学模型，而与系统的输入输出相关，学生将更容易掌握和操作。

结合商业模式，物联网在创造价值环节的作用是比较大的，常用于对生产过程的监测和优化。教师可以在理论内容中加入系统故障发现及处理相关的知识。故障若能够被提前发现并得到及时处理，将极大地减小损失。这同样属于控制系统的知识范畴，且对各种生产活动意义巨大。

又如，教师可以加入安全控制的理论内容。在目前的物联网商业模式背景下，安全控制能够极大地提升企业竞争力，具有更强的可持续性。安全控制的理论内容在物联网的安全方面获得的关注度比互联网高得多，这是由于互联网安全问题一般只对信息产生危害，而物联网安全问题则直接影响到人身安全。教师将安全控制的理论教给学生，学生以后在进行各种生产活动时也会在安全方面加以注意。对于进行创新创业的学生来说，这些安全控制的理论知识也会使其受益良多。

四、探究型实验教学

实验是物联网控制技术课程的一个重要环节。通过实验，学生对所学理论知识加以巩固，也能加深对知识的理解。目前，大学的物联网实验室基本都配备了物联网实验箱和 MATLAB 计算机仿真系统等，这些实验条件基本能够满足学生对理论知识的学习和验证。不过，近年来各个企业在招生工作时越来越注重学生的实践能力和创新能力，从目前的情况看，这些能力还是学生的短板，我们应当加以培养。

我们可以在验证性实验的基础上，增加项目式设计实验，实验通过分组进行，每个小组 3~4 人。教师可以向学生提供一部分选题，当然更鼓励学生用自己的想法进行设计和实验。结合商业模式，教师可以为学生补充产品设计相关知识，引导学生做更符合市场需求的项目或实验。例如，在物联网项目中，产品的服务化和服务的个性化是比较重要的特征，学生若能理解和把握这些特征，将有机会设计出具有创新性的产品或服务。在实验进行过程中，教师指导学生自主查阅资料、完善设计，教师对学生提出的问题不直接给出答案，而是采用共同探讨的方式让学生向更深层次思考。教师也应对学生的项目设计提出问题以促进项目完善，当然也不能忘了肯定和欣赏学生所取得的成果。这种探究型实验教学方式，对于提升学生的实践能力和创新能力比较有效，不过也需要教师投入更多的精力。

五、开放式实训方案

实训是物联网控制技术课程的一个有意义的环节，能够帮助学生理论联系实际，拓展学生的视野，提升学生的应用能力。目前，在学校组织的企业实习中，学生做的多是些“打杂”工作，对于技术性的或核心性的工作，让学生直接介入是不现实的，企业无法承担可能的风险，因此对学生的应用能力提升十分有限。类似于职业教育那种实训方式，虽然效果较好，但是很多大学并不具备条件，并且与本科教育的培养目标不太相符。那么，设计开放式的实训方案将是较为合适的一个选择。

学校如果有条件，可以将本校的教师与校外导师所做的物联网相关项目进行收集整理，最好布置专门的场地对这些物联网项目进行展示。在学生参观这些项目时，教师或项目主研人员一边进行演示，一边做详细讲解，让学生对物联网各个行业的应用产生更深刻的理解，引导学生发现其中的控制问题，思考其中的控制方法，指出现存的不足等。

学校应邀请相关物联网企业的产品经理、工程师等到学校开设讲座，讲授其对行业的理解，对产品设计的看法，对问题的处理方式和方法，对智能化的构思，对可持续性的探索等内容，内容尽量对商业、产品、技术等各方面实现全覆盖，让学生获得更具综合性的知识，有利于学生以后更好地解决控制问题。

学校应鼓励学生参加各项大学生科技创新项目、创新创业大赛以及相关的行业比赛等，使学生在实际操作中自主发现和解决问题，领悟和运用创新思维，提升应用能力。

六、结语

本文针对物联网控制技术课程教学中存在的各种问题，结合商业模式探索课程的教学改革与创新，深入挖掘了物联网、商业模式、控制技术之间的密切联系，提出了组织多元化的理论内容，实施探究型的实验教学，设计开放式的实训方案等一系列课程改革与创新的策略，以更好地培养学生的综合应用能力和创新思维，提高物联网控制技术课程的教学质量。

参考文献：

[1] 刘陈，景兴红，董钢. 浅谈物联网的技术特点及其广泛应用 [J]. 科学咨询，2011 (9)：86.

[2] 黄海峰. 2017 年无线通信趋势：IoT、5G 技术商用成焦点 [J]. 通信世界，2017 (1)：46-47.

[3] 万勇，王从庆. 基于多学科交叉的物联网控制技术教学改革研究 [J]. 科技创新导报，2015 (27)：19-21.

［4］曹松银. 物联网控制基础课程教学改革的探索与实践［J］. 考试周刊，2017（7）：17-17.

［5］李苏秀，刘林，王雪，等. 泛在电力物联网商业模式理论体系与设计架构［J］. 中国电力，2019，52（9）：1-9.

［6］张有光. "电子信息商业案例分析" 课程的思考与实践［J］. 高等工程教育研究，2013（3）：163-167.

新工科背景下产学研协同创新计算机专业人才培养体系研究①

朱超平　严胡勇

摘　要：新工科对高校的创新型人才培养提出了新的要求。为了落实国家创新驱动发展战略，各大高校以产业发展为导向，以就业需求为目标，以学生为中心，探索各具特色的协同创新人才培养机制。本文针对地方高校计算机专业在协同创新人才培养方面的缺陷，提出了“横向协同、纵向创新”的计算机人才联合培养模型和“2+4”产学研协同创新人才培养模式。在新工科背景和大数据智能化环境下，重庆工商大学积极探索创新型人才培养模式，提出了“重导师组制度、抓特色培养、严过程管理、强协同育人”的产学研协同创新人才培养措施，有助于培养出大数据智能化的创新型高素质人才。

关键词：新工科；产学研；特色专业；协同创新

随着新一轮科技革命与产业变革的到来，世界经济格局与全球化分工形势发生改变，各领域对技术的应用提出了新的要求。为实现教育水平与当前技术水平相适应，2017 年 2 月，教育部提出“新工科”概念，不但要求培养创新型人才，还要求所培养人才具备引领未来工程需求的新素养，能够做到理论与实践相互结合。因此，新工科背景对学校创新型人才培养提出了更高的要求。学校在教学条件、实践环节、师资力量等方面的资源有限，仅仅依靠学校现有资源培养的学生很难满足社会发

① 基金项目：教育部科技发展中心产学研创新基金项目（项目编号：2018A02049），重庆工商大学重点开放项目（项目编号：KFJJ2019106），重庆市教育科学规划项目（项目编号：2018-GX-348），重庆工商大学教育教学改革研究项目（项目编号：2018222），2020 年重庆市级教改项目（项目编号：203424）。

展的需要。因此，在大数据智能化背景下，我国应鼓励高校和企事业单位的产学研合作，发挥高校的理论优势和企事业单位的技术优势，从而培养出满足新工科需求的高层次应用型人才。

产学研合作是指高校和科研机构、企事业单位等用人单位进行相互合作，并且在合作中做到优势互补，发挥各自的优势，让高校形成完善的人才培养机制。产学研合作实施的过程中各方能够有效整合资源，使得学生可以充分利用校企资源，并把所学知识运用到协作单位的实际项目开发中，做到理论与实践相结合，完成产学研协同创新的目标。高校与企事业单位联合制订人才培养方案不仅能完善教学内容，还能改进教育教学方法、完善教学制度。同时，企业也能更了解学生的知识结构和水平，制定产品和服务开发流程，制定符合时代需要的战略发展目标，提升发展水平。因此，产学研机制不仅有利于高校培养学生，而且在很大程度上促进了企业的发展。

一、传统工科培养过程中存在的问题

随着我国的教育教学不断的改革，高校人才培养模式中的问题日益突出。这主要表现在教学方法和教学模式都比较陈旧，很多教师仅仅注重理论的讲解，缺乏足够的实践。这也造成高校人才培养环节与企业需求的脱节，不利于学生的综合素质提升，也不利于培养学生的思维能力和创新能力，更不利于学生职业生涯的发展。我们通过走访、调研发现，不少高校的考核机制中都存在重理论轻实践、重科研轻教学，在教学方面没有创新精神，仅仅是按部就班完成教学任务，把主要精力都放在了论文上，也不关心教学改革和创新的问题。这些问题造成高校的教研机制与教学实际严重脱节，科研和教学不能同时兼顾，很难培养出创新型人才，也很难形成产学研的创新型人才培养机制。

随着高等教育改革的深入，高校的人才培养模式开始发生转变，逐步推行校企合作模式，实现产学研协同创新模式。传统的项目研发主要是企事业单位或学校的单边行为，这种模式限制了相关数据和信息的共享，使得很多项目的开展跟不上时代的变化。为了提高人才培养质量，改变人才培养模式，高校和企事业单位必须结合起来，相互协作，共同制订人才的培养方案。企业参与人才培养，教师到企业进行挂职锻炼，从而培养创新型人才。高校应利用产学研合作模式建立协同创新基地，培养学生的实践创新能力，让培养的人才适应社会的需求，同时也能够促进在新工科背景下的新型人才培养模式的形成。

二、计算机专业人才培养体系的研究内容

（一）“横向协同、纵向创新”培养模式研究

根据计算机专业的招生情况，重庆工商大学对计算机专业、物联网工程和人工智能专业进行大类招生、大类协同培养，建立班导师组，协同科研机构和校企合作单位，共同制订特色人才培养方案，设置特色的专业课程，研究教学方法，编写教学案例。产学研合作计算机专业人才培养模式是具有针对性、专业化和行业应用的培养模式，其目标是培养适应社会需求的大数据智能化应用型人才。重庆工商大学关注在新工科背景下计算机专业培养过程中的培养目标、培养方案、培养模式和培养方式，着力培养计算机专业学生的创新能力，提升工程应用人才对社会和相关产业发展的支撑服务水平。重庆工商大学按照工程教育认证的要求对计算机专业的培养环节进行细化，制订科学的人才培养方案，设置合理的培养目标，与企业制定毕业达成度指标，将培养目标细化到培养过程中的每一个环节，注重每个环节的创新能力培养，提升学生的创新创业能力。

（二）教学改革创新机制研究

重庆工商大学以课程改革为导向，以大数据智能化计算机特色专业的创新技术发展引领教学改革。重庆工商大学及时更新工程人才知识体系，建立满足行业发展需要的课程和教材资源；根据专业需求变革教学方法，创新工程教育方式与手段；探索大数据智能化计算机特色专业的自主发展道路、自我激励机制；加强与重庆市内外、国内外的联系，以内外资源创造教学改革条件，打造工程教育开放融合新生态，以产业和技术发展的最新成果推动计算机专业建设；借鉴国际前沿标准设立大数据智能化计算机特色专业建设标准，增强专业核心竞争力，扩大大数据智能化计算机特色专业建设的影响力。

（三）实施“2+4”人才培养模式

新工科背景下计算机创新型人才培养，首先必须要设定明确的培养目标，制订完善的培养方案。重庆工商大学计算机人才培养采用“2+4”培养模式：“2”是培养目标、培养方案，“4”是重导师组制度、抓特色培养、严过程管理、强协同育人（见图1）。

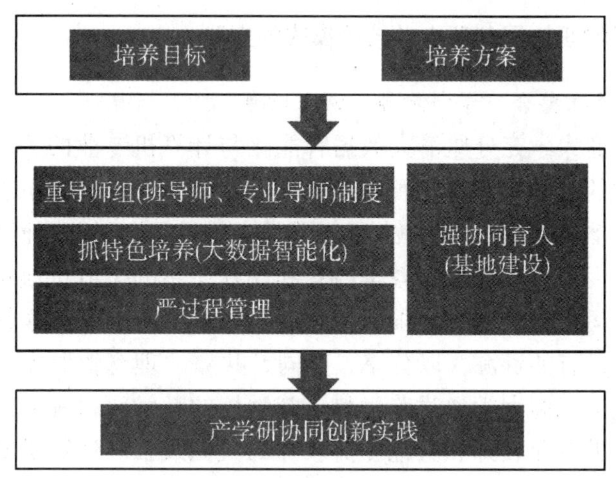

图 1　“2+4”人才培养模式

（四）协同创新与成果转化机制研究

重庆工商大学以项目创新为导向，探索计算机专业多方协同育人创新机制研究模式，继续加大师资培养力度，引领教师、学生进行自主实践与项目协同创新。重庆工商大学加快与信息类技术公司、生产企业、科研机构进行协同育人平台建设，鼓励专业教师参加企业、学校的产学研项目，提升专业教师的项目协同创新能力。重庆工商大学增强专任教师、实验技术人员和教学辅助人员的多途径、多方向的创新能力，以学生为导向，鼓励学生多元化创新创业。重庆工商大学鼓励计算机专业教师联合技术公司、科研机构一起申报协同育人项目、发明专利、研究课题，并做好成果转化等。

（五）改善师资队伍结构

重庆工商大学以新型二级学院建设为契机、以大数据智能化计算机特色专业建设为导向、以一流专业建设为目标，强化计算机专业建设。重庆工商大学制定了大数据智能化计算机特色专业的师资队伍建设规划，坚持特色专业团队的学科师资队伍建设原则，大力引进和培养高学历、高职称教师，建立一支规模适中、素质优良、层次结构合理的高水平师资队伍，以强化教学、科研、服务地方为导向，在申请项目、考核评价以及产学研合作方面给予大力支持；启动高层次人才支持计划，做好高层次人才培养、推荐和引进工作，优化计算机专业人才发展环境。

三、产学研协同创新人才培养模式的实践

（一）资源整合、学科融合、课程改革

重庆工商大学充分厘清大数据智能化与计算机专业的关系，重视计算机专业中的大数据和人工智能课程的设置，明确以计算机、大数据和人工智能带动教学现代化的教学改革思路，推进基于“互联网+”的教学模式改革，促进教学理念、教学内容和课程体系的全方位改革。重庆工商大学充分运用对分课堂、雨课堂和混合式教学等新型教学模式，充分利用校内外已有的资源，以分享、协同、共赢的理念，形成多学科融合的局面。重庆工商大学通过跨学科、跨学校的教学研讨等方式，促进大数据智能化类专业教师和其他专业教师的共同成长。计算机专业教师可以利用学科渗透的机会，将主攻技能与辅助技能统一起来，掌握多元化大数据处理和人工智能应用的专业技能。重庆工商大学鼓励计算机专业教师定期到企业进行培训、挂职锻炼，敦促教师不断进步，从而不断提升教师的专业素质、职业素养、教学技能和教学质量。

（二）构建协同育人平台

重庆工商大学鼓励计算机专业教师积极申报教育部协同育人项目，参加协同育人实践基地建设，把企业的开发项目带到实际教学实践中，在课程教学中积极实施项目实训，打造创新型课程，建设校企合作项目协同创新平台。目前，人工智能学院已成功与浪潮、南京云创、惠普、西部通信研究院、广州飞瑞傲、北京慧科等十几家知名企业搭建协同育人和协同创新平台，并成立校企协同创新人才培养专家指导委员会，联合制订人才培养方案，共同建设课程，共享教学师资，共建校内外实践基地，形成良性的实践教学循环。重庆工商大学根据大数据智能化产业发展需求，把人文素养、科学精神、工程思想、创新能力融入专业建设中，积极挖掘本地资源，深入落实企业参观、企业实训、企业实习和联合开发，推进产学研成果转化的一体化联动。

（三）加强教师与行业的联动

人工智能学院加强与企业建立多渠道的联系方式，聘请国内外知名专家和学者到校进行教学指导和开展教学实践活动，系部鼓励教师积极参与企业协同和创新。同时，人工智能学院拟通过行业协会专家举办的讲座培训、项目申报、项目开发和项目实施，建立计算机专业教师继续教育培养模式，实现专业教师与行业的一体化联动，从而加快对计算机

专业教师的专业技能培养。重庆工商大学继续推动专家、优秀学者到校开展科研讲座活动，帮助教师找到核心研究方向和形成核心团队，提升教师的科研学术能力和科研转化能力。

（四）健全协同创新运行机制、保障人才培养质量

重庆工商大学健全和完善创新型人才培养的管理机制，健全科学的考核制度，制定绩效考核指标或协作目标，明确学校和企业的职责与任务。重庆工商大学加强计算机专业人才协同培养过程化管理，完善培养环节的监控、有效反馈和长效跟踪机制，通过考查课程实践、企业实训、企业实习、学位论文开题、阶段性汇报、中期成果汇报、学位论文答辩等人才培养环节，动态全程监控人才培养质量。2016—2020 年，学生获得学科竞赛全国一等奖 6 项、二等奖 22 项和三等奖 39 项，重庆市一等奖 18 项，二等奖 43 项。产学研合作基地培养的学生，参加全国“互联网+”大学生创新创业大赛，取得优异的成绩，并孵化了 4 个创新型企业。

四、结语

为保证大数据智能化产业的进一步发展，产学研协同创新的新工科建设势在必行。传统特色行业人才培养模式急需更新和完善，改变培养模式，适应大数据智能化产业的发展要求。产学研协同创新理念逐渐被高校、科研机构和企事业单位所认可，在科研和教学中逐渐被贯彻，并取得了一定的成效。本文在新工科背景下结合重庆市大数据智能化产业发展、产学研协同创新政策，探讨了计算机特色专业人才培养模式，包括培养目标、课程体系、导师责任制以及协同运行机制等。在未来的人才培养模式改革中，重庆工商大学将继续推进产学研“2+4”计算机人才培养模式，与企事业单位共同建立产学研协同创新基地，以创新人才培养为中心，在教学过程中突出学生的主体地位，让学生直接面向社会实践和科研创新，培养学生的知识应用能力和创造能力，彰显大数据智能化类专业的特色。

参考文献：

［1］方刚，谈佳馨. 互联网环境下产学研协同创新的知识增值研究［J］. 科学研究，2020，38（7）：1325-1337.

［2］李斌. 基于华为 DevCloud 的计算机软件项目实训课程创新性实践［J］. 信息技术与信息化，2019（12）：30-32.

［3］班福忱，叶友林. 建筑类院校产学研协同创新模式的研究与实践——以联合培养工作站建设为例［J］. 教育现代化，2018，5（36）：6-7.

［4］沈华，张明武. 应用创新型 IT 人才的“产学研用”协同培养［J］. 计算机教育，2017（7）：27-29.

［5］张浩斌. 我国高校计算机专业产学研相结合研究［J］. 经济师，2017（1）：205-207.

［6］胡刃锋，应艳. 互联网环境下产学研协同创新隐性知识共享影响因素研究［C］. 智能信息技术应用学会，2015.

［7］吕刚，陈圣兵. 基于协同创新理念的计算机专业立体化实践教学体系研究［J］. 宿州教育学院学报，2015，18（5）：108-109.

［8］陈世银. 产学研协同创新中的信息保障研究［D］. 武汉：武汉大学，2013.

新工科背景下大学计算机基础教学改革与实践探索[①]

丁明勇

摘　要：本文旨在探讨如何构建满足新工科建设需要的大学计算机基础教学课程体系。本文提出深化以计算思维能力培养为导向的大学计算机基础教学改革，以产业需求为导向进行课程内容、教学案例、资源建设等的改革；将思政内容自然融入课程之中，让学生在掌握计算机基础知识和技能的同时，潜移默化接受深刻的思想政治教育，将专业教育与思政教育无缝衔接；利用新的信息技术、网络教学平台等，为学生创建随时随地、按需学习的智慧学习环境；建立面向过程的多元化课程考核方式。

关键词：新工科；课程体系；计算思维；课程思政；教学模式

一、新工科对大学计算机基础教学提出的要求分析

关于新工科建设，目前的一些重要观点如下：

（1）大力发展与大数据、云计算、物联网应用、人工智能、虚拟现实、基因工程等新技术和智能制造、集成电路、生物医药、新材料等新产业相关的新兴工科专业与特色专业集群。高校应更新改造传统学科专业，推动现有工科交叉复合、工科与其他学科交叉融合、应用理科向工科延伸，孕育形成新兴交叉学科专业。

（2）从学科导向转向以产业需求为导向，从专业分割转向跨界交叉融合，从适应服务转向支撑引领。高校相关人才培养应将产业和技术的

① 基金项目：重庆工商大学教育教学改革项目（项目编号：2018223）。

最新发展、行业对人才培养的最新要求引入教学过程，更新教学内容和课程体系，建成满足行业发展需要的课程和教材资源。高校应积极探索综合性课程、问题导向课程、交叉学科研讨课程，提高课程兴趣度、学业挑战度。高校应促进学生的全面发展，把握新工科人才的核心素养，强化新工科学生的家国情怀、全球视野、法治意识和生态意识，培养设计思维、工程思维、批判性思维和数字化思维，提升创新创业能力、自主终身学习能力、沟通协商能力和工程领导力。

（3）新工科不是“纯”工科。从学科专业构成角度看，新工科必须突破现有工科门类和专业的划分限制，重视不同工程学科专业之间的交叉和融合，使学生能够解决各种复杂的工程问题。从学科专业内涵角度看，新工科必须突破现有工科的界定限制，重视理科、管理、经济、法律、新闻、医学等其他非工科门类学科对新工科的介入渗透，使学生能够在处理工程问题的同时解决好各种经济社会问题。

重庆工商大学是一所经济学、管理学、文学、工学、法学、理学、艺术学等学科协调发展的，具有鲜明财经特色的多科性大学。多学科的优势更有利于新工科建设，新工科建设的成果又将给新文科的发展提供强大的活力。近年来，非计算机专业的计算机基础教学经历了计算机文化基础、大学计算机（1+X 课程体系）、计算思维能力培养等三轮大刀阔斧的改革。大学计算机教学部全体同仁积极参与每一轮教学改革，取得了一系列教学成果，这些成果对重庆工商大学计算机基础教学产生了积极和重大的影响。新工科建设对学生计算思维与信息化融合能力、集成创新能力的培养提出了新要求，但目前普遍存在以下问题：教学内容陈旧使毕业生难以应用新技术进行创新；缺乏交叉融合课程使计算机基础教学对学生后续计算机应用和创新能力提升的支撑不够；压缩计算机基础课时难以实现系统化的对学生信息融合创新能力的培养；强调专业能力培养而忽视学生思想教育。

二、面向新工科大学计算机基础课程教学改革的一些措施

教育部大学计算机基础教学指导委员会提出了大学计算机基础课程教学应该完成以下四个方面的能力培养目标：认知与理解计算机系统和方法；应用计算机技术分析解决问题的能力；正确获取、评价与使用信息的素养；基于大数据、人工智能等新技术的交流与持续学习能力。按照这四个方面的能力培养目标，结合新工科建设提出的要求，大学计算

机基础教学做了以下几个方面的改革：

（1）课程教学体系改革：面向非电类专业开设包括大数据、云计算、物联网应用、人工智能等新信息技术的通识选修课程。

目前，重庆工商大学大部分专业只开设了大学计算机基础课程，内容多、学时少，对于一些新信息技术只能概念性介绍，远远不能满足新工科对学生在信息技术素养方面的要求。有鉴于此，重庆工商大学开设了包括大数据、云计算、物联网应用、人工智能等面向非电类专业的新信息技术通识选修课程。课程依托计算机科学与信息工程学院，严格课程系部归属和课程质量标准，常态化进行课程改革和建设，以增强学生在新工科、新文科建设过程中必须具备的信息技术素养。

（2）教学内容及资源建设的改革：进一步深化以计算思维能力培养为导向的大学计算机基础教学改革。重庆工商大学结合新工科建设要求，以产业需求为导向进行课程内容、教学案例、资源建设等的改革。

随着信息技术的不断发展，计算思维这一原本属于计算机科学与技术学科的概念也深刻地影响着其他学科的发展，计算物理、计算金融、计算生物学、计算社会科学这些新的研究领域的产生就是很好的实例。面向所有学生的、体现计算思维和方法论的教学内容，是新工科建设背景下大学计算机基础课程建设的基本问题。该课程不是要将学生培养成为计算机科学家，而是训练他们灵活应用计算机的概念和方法解决专业问题。基础性与实用性才是该课程的灵魂。重庆工商大学进一步深化以计算思维能力培养为导向的大学计算机基础教学改革，结合新工科建设提出的要求，调研产业需求，多学科融合设计，建成满足产业发展需要的课程教学内容和教材资源；推动教师将研究成果及时转化为教学内容，向学生介绍学科研究新进展、实践发展新经验，积极探索综合性课程、问题导向课程、交叉学科研讨课程，提高课程兴趣度、学业挑战度；积极建设数字化课程教学资源，包括作品案例、教学素材、试题库、习题库，为学生提供诸如教学微视频、课件、参考资料等多种资源。在教材建设方面，重庆工商大学以学科知识的基本要求为主导，以学生为主体，根据课程教学内容梳理、整合、设计、构成能满足新工科建设需要的课程教学内容。

（3）课程思政改革：设计课程教学内容，将思政内容自然融入课程之中。重庆工商大学让学生在掌握计算机基础知识和技能的同时，潜移默化地接受深刻的思想政治教育，将专业教育与思政教育无缝衔接、有机结合。

重庆工商大学把做人做事的道理、把社会主义核心价值观的要求、把实现中华民族伟大复兴的理想和责任融入课程教学中。在理论课中，重庆工商大学深入挖掘课程中蕴含的思想政治教育元素，并将其巧妙植入各知识点之中。

①教师在讲授计算机发展与应用时，既要让学生清楚了解我国计算机事业起步较晚、发展时间较短、发展过程艰辛曲折，又要使学生认识到我国巨型计算机研制水平现在走在世界前列，以此激励学生学习中国计算机领域科研人员艰苦奋斗、敬业奉献的精神，增强学生的爱国主义精神和民族自信心、自豪感。教师通过讲解“天河二号”“神威·太湖之光”等超级计算机、中国芯片，让学生看到中国科技创新的辉煌成就和飞跃式发展，进而使学生对中国的发展与未来充满自信。

②教师在讲解计算机工作原理时，可以通过中央处理器（CPU）、存储器、输入设备和输出设备的协同工作，强调合作精神、一切行动听指挥。

③分组讨论、小组作业可以培养学生的团队精神、协作能力以及集体荣誉感。

④在操作系统教学中，教师可以通过分类管理文件、文件规范取名、磁盘管理等让学生理解一个良好的组织结构对系统的重要性，培养学生良好的行为习惯。

⑤教师在讲授计算机网络时可以将“国家网络安全宣传周”等信息融入课程之中，从而教育学生规范网络行为、文明上网。

⑥教师可以通过讲解计算机安全的相关知识，提升学生的信息鉴别能力及增强网络安全意识，自觉维护国家和民族的利益和安全。

⑦教师可以通过软件版权问题的讲解让学生明白使用盗版软件的危害，从而使学生了解知识产权保护的重要意义，教育学生自觉维护正版软件的权益。

在实践教学环节，教师可以选择与课程思政密切相关的案例和学习素材。例如，教师可以把党的十九大报告的图文数据、“一带一路”建设的信息等作为 Word 实训作业的素材进行文档编辑、图文混排；把我国近几年的 GDP 以及各领域的发展数据等作为 Excel 实训作业的素材进行统计分析；把“大国工匠”和“感动中国”中的模范典型、社会主义核心价值观等作为 PowerPoint 实训作业的素材进行设计制作。这些极具中国特色的课程内容频繁出现，既传播了正能量，巩固了学生的专业知识，同时又使学生在完成实训任务的过程中了解中国在政治、经济、文化等方面取得的成就，从中深刻感受祖国的强盛繁荣，进一步坚定“四个自信”，自觉做到“两个维护”。

（4）教学环境改革：利用新的信息技术、网络教学平台和校园网等，为学生创建随时随地、按需学习的智慧学习环境。

教师制作了大量的教学课件、课程素材、微视频等并上传到在线学习平台，通过任务和目标驱动，指导学生进行自主学习和实验。目前，参与在线学习平台学习的人次数已达到 8 984 人次/周，覆盖约 95%的学生。这充分说明学生参与网络化学习的主动性和积极性。课程互动教学平台订阅号于 2015 年注册并使用，课程订阅号取名“微娓道来”。教师给学生营造了轻松愉快的移动互联网互动教学环境，方便学生移动学习、个性化学习。学生的自主学习能力、逻辑思维能力、语言表达能力等综合能力得到提升。

面对 2020 年新型冠状病毒肺炎疫情，重庆工商大学能够从容应对，快速拿出“停课不停学”的教学方案，很好地保证了教学任务保质保量完成。

（5）考核方式改革：建立“面向过程的多元化课程考核方式”。

重庆工商大学注重过程和综合能力考核，建立“面向过程的多元化课程考核”。我们将平时成绩占比由以前的 20%提高到 40%。学生成绩评定标准新增三项过程考核指标：“课堂参与度”“在线测试”和“综合作品”成绩。每个小组需要完成能够体现综合素质和创新能力的实验作品，学业挑战度显著提升。大量在线课程资源，随时随地、按需学习的智慧学习环境，方便学生移动学习、个性化学习。

三、教学改革效果的自我评价

本文基于笔者及教学团队多年的教学实践和探索思考，将改革实施前 2015 级、2016 级与改革实施后 2017 级、2018 级的大学计算机基础考试卷面成绩进行了对比分析。表 1、表 2 分别是改革实施前后大学计算机基础理论和实验机考卷面成绩的对比分析，可以看出，改革实施后学生的课程考试卷面成绩的优秀率与及格率都有较大幅度提升。表 3 是大学计算机基础过程考核改革抽查 90 分以上的比例的对比分析，可以看出，改革实施后学生的动手能力增强，同时从“课下讨论课上分享”环节 90 分以上的比例可以看出，学生参与课下探究学习和课上互动教学的积极性不断提高，参与的效果更好，人才培养的质量也在不断提升。

表1 改革实施前后大学计算机基础理论机考卷面成绩对比分析

年级	总人数/人	优秀（≥80分）人数/人	优秀率/%	及格（≥60分）人数/人	及格率/%
2015级（改革实施前）	6 129	1 894	30.9	5 301	86.5
2016级（改革实施前）	6 075	1 925	31.7	5 258	86.6
2017级（改革实施后）	6 093	2 144	35.2	5 622	92.3
2018级（改革实施后）	6 089	2 285	37.5	5 733	94.2

表2 改革实施前后大学计算机基础实验机考卷面成绩对比分析

年级	总人数/人	优秀（≥80分）人数/人	优秀率/%	及格（≥60分）人数/人	及格率/%
2015级（改革实施前）	6 129	3 187	52.0	5 504	89.8
2016级（改革实施前）	6 071	3 168	52.2	5 460	89.9
2017级（改革实施后）	6 183	3 329	53.8	5 779	93.5
2018级（改革实施后）	6 215	3 529	56.8	5 878	94.6

表3 大学计算机基础过程考核改革抽查90分以上的比例 单位:%

年级	Execl作品	Word作品	PPT作品	视频制作	课下讨论课上分享
2015级（改革实施前）	44.7	13.6	57.4	11.3	23.0
2016级（改革实施前）	45.6	25.8	64.3	14.6	28.4
2017级（改革实施后）	46.7	34.7	86.3	22.4	32.2
2018级（改革实施后）	49.8	39.8	89.2	32.6	37.5

参考文献：

[1] 何钦铭，王浩. 面向新工科的大学计算机基础课程体系及课程建设 [J]. 中国大学教学，2019 (1)：39-43.

[2] 陈宇峰，李凤霞. 大学计算机基础与程序设计“两课合一”教学探索与实践 [J]. 计算机教育，2019 (11)：24-27.

[3] 徐晓飞，李廉，战德臣. 新工科的新视角：面向可持续竞争力的敏捷教学体系 [J]. 中国大学教学，2018 (10)：44-49.

新工科环境下 Java 程序设计教学改革的探索与实践①

严胡勇　朱超平

摘　要：在国家新工科教育背景下，高等院校的教育改革发展进入新的阶段，新工科建设应运而生。新工科建设强调人才培养应符合新兴产业发展的要求，高等院校的教学与人才培养正面临着新一轮的挑战。本文以重庆工商大学人工智能学院 Java 程序设计课程为切入点，发现目前 Java 程序设计课程所面临的一些问题，如理论基础重于实验操作、教学过程没有联系实际项目、学生缺乏主动学习的积极性以及缺乏有效的评价机制。为培养符合新工科环境下的合格人才，Java 程序设计的教学模式应当以新工科建设为时代背景，形成全新的计算机教学指导思想。本文提出以社会需求为标准，以学生为中心，构建新工科环境下的 Java 程序设计教学模式，为培养新工科环境下计算机科学与技术专业人才提供借鉴与参考。

关键词：新工科；Java 程序设计；教学改革

一、引言

教育部从 2017 年 2 月开始围绕新工科建设主题召开了一系列的研讨会，其中包括北京的“北京指南”、天津的“天大行动”与上海的“复

① 基金项目：教育部科技发展中心产学研创新基金项目（项目编号：2018A02049），重庆工商大学重点开放项目（项目编号：KFJJ2019106），重庆市教育科学规划项目（项目编号：2018-GX-348），重庆工商大学教育教学改革与研究项目（项目编号：2020112），2020 年重庆市级教改项目（项目编号：203424），重庆工商大学科研平台开放课题（项目编号：KFJJ2018058），重庆工商大学校内科研项目青年项目（项目编号：1952033）。

旦共识”，新工科建设已逐渐成为各高校改革的热点。《教育部办公厅关于推荐新工科研究与实践项目的通知》与《教育部高等教育司关于开展新工科研究与实践的通知》等文件的出台，明确了高校新工科建设的新方向与新思路。所谓新工科，主要是指面向新兴产业开设的专业，如目前新兴的机器人、云计算、人工智能等，同时包括一些传统工科的改造专业。新工科专业设置将以工业智能与互联网为核心，以信息化建设传统工科为支撑手段，同时对原有专业进行建设和升级。

Java 程序设计是计算机科学与技术专业的一门核心专业课程。该课程以培养学生的动手能力、解决问题的能力、创新能力为目标，要求学生通过理论知识的学习与编程项目的实践，具备通过 Java 程序语言和面向对象的思想进行程序开发与调试的能力。本文以重庆工商大学人工智能学院 Java 程序设计课程为切入点，探索新工科环境下教学模式改革方案，从而为新形势下计算机科学与技术专业人才培养提供有效途径。

二、传统 Java 程序设计课程教学所面临的问题

新工科环境下，人才培养建设应紧密围绕产业链与创新链展开，根据“问技术发展改内容”，将产出导向纳入衡量毕业生质量的重要指标。传统 Java 程序设计课程教学模式和新工科建设所要求的在当前时代背景下卓越工程人才核心素养与能力培养的要求有着较大的差距，难以满足新工科背景下对人才的需求。传统 Java 程序设计课程教学模式所面临的主要问题在于人才培养和企业需求相互脱节。造成这一现象的原因主要包括以下几点：

（一）理论基础重于实验操作

在传统的 Java 程序设计课程中，教师首先讲解理论知识，之后演示相应代码，学生随后进行实验操作。在这种教学方式中，学生已经学习的理论基础与实验操作没有紧密联系在一起，学习上机操作时理论部分的知识点又忘记了，实验操作缺乏理论基础的支持。因此，这种传统的教学模式使得学生的学习效率较低，学生难以从学习中获得 Java 程序开发的乐趣。

（二）教学过程没有联系实际项目

学生在学习过程中，只是对某个知识点进行相应的上机操作，并没有参与实际项目的开发，因此并不能达到“学以致用”的效果。学生无法将每个知识点及其实际用途与应用场景进行有效串联，从而仅仅从表

层上理解了理论知识，不能把这些知识运用到实际项目中。

（三）学生缺乏主动学习的积极性

教师在上课时传授的知识主要是课本上的内容，课后知识较少，从而造成学生知识面比较狭窄、解决实际问题的能力欠缺，进一步减弱了学生主动学习的动力，难以培养学生的工程技术应用能力。

（四）缺乏有效的评价机制

在传统的Java程序设计课程中，部分学生理解能力强，动手能力突出，然而他们却不擅长考试，期末成绩并不是很优秀。这很容易造成学生在平时不注意知识点的积累，相反，在期末考试前进行突击的情况较为常见。

三、新工科环境下Java程序设计改革措施

（一）加强实验操作

与课堂讲解的理论知识不同，实验操作部分需要每位学生自行单独完成。学生根据已学知识点，将实际问题抽象转换为Java程序，不仅能够提高学生的抽象逻辑思维能力，还可以提高编程能力。在实验操作中，学生在自主代码编辑过程中，能够发现问题、解决问题，通过查漏补缺的形式稳步提升自己解决问题的能力。学生根据代码断点调试，发现代码编写时的不足，可以体验工程实践的乐趣。

实验操作是学生从课堂小练习到自主开发程序的转折点。通过实验操作的锻炼，学生可以把理论知识转换为实际项目实践。学生可以从实际项目实践中，掌握知识点灵活运用的技巧，获得实际开发工程项目的一些宝贵经验。

此外，针对当前学生普遍喜欢旁观而不喜欢动手实践的问题，我们要求学生不能只是进行相应的实验操作，还需要设置一些综合性强、难度高的实验。此类实践操作建议采用团队形式，学生在团队研发过程中，能够对学科内的基础知识进行重新梳理、学习、理解与掌握，最终使得学生具备解决复杂工程问题的能力。由于Java程序实验的实践性要求比较高，在每个实验的代码之外，教师还需要为每个章节设置一些综合应用代码练习，从而提升学生的自主学习能力和查阅文献的能力，以便解决复杂工程问题。例如，在输入流、输出流章节中，教材仅仅学习处理普通非文本文件与文本文件。除了此类型外，教师需要引导学生学会处理不同形式的文件格式，如调用办公文字处理office文件。

（二）采用项目驱动法，提倡团队协作精神，让学生参与实际项目

首先，教师把项目驱动的方法引入 Java 程序设计课程，建立相应的学习小组，让第一个阶段表现比较好的学生担任学习组长，其余小组成员都需要承担项目的各个任务，通过团队完成项目。在实施过程中，学生需要将在规定时间完成项目作为前提，即规定时间里团队中的每个成员都需要通过相应任务的考核，并且只有在整个团队最终以优异的成绩完成项目所有任务的情况下，团队的每个成员才能结束此门课程的学习。

其次，由于 Java 程序设计里的基础知识相对较多，且比较复杂，学生除了需要学习 Java 编程基础知识之外，还要学习面向对象的编程思想、输入流与输出流、多线程技术、JDBC 以及异常等技术，学生需要在掌握好 Java 基础知识的前提下进行扩展学习实际项目中所用到的高级开发技术（比如 Java Web 以及 Mybatis+SpringMVC+Spring 等框架的整合使用方法）。现有的 Java 程序设计课程的教学内容主要是 Java 最基础的部分，如基本语法、面向对象的思维等，由于课时的限制，并未涉及高级技术部分，因此实际的项目开发通常需要多名学生协作完成。为了进一步提升学生的协作沟通能力与团队开发意识，教师需要设置综合项目实践环节，4~5 名学生组建一个小型开发团队，每个团队设置一名项目负责人。在此阶段，实践项目开发将被划分成若干个子模块，每个团队对应一个子模块的开发，在各模块之间需要通过团队的沟通来实现接口间的开发与调用。

最后，将各个子模块集成到一个软件系统。以毕业论文综合管理系统为例（见图 1），前端呈现分为登录模块、提交论文、审查论文、帮助模块，而后端服务主要有成绩管理、论文管理、教师管理与学生管理等。

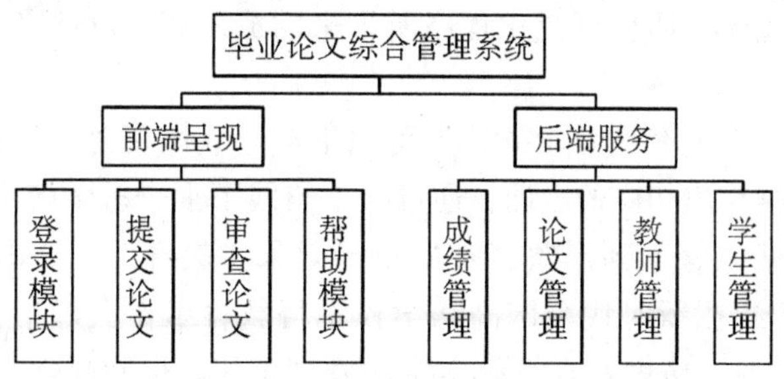

图 1　毕业论文综合管理系统功能模块

参照软件设计的设计思路，首先，各个团队需要设计并实现各个子模块的功能。其次，各个团队协调接口以及调用方式，从而完成整个系统的开发。在项目开发过程中，各个团队不仅要负责本团队的设计与开发工作，还需要负责和其他团队的协调以及沟通。综合项目阶段的实践操作不仅仅能够提高学生的编程能力与团队精神，还可以帮助学生清晰地理解与掌握系统开发的整个过程，从而提高学生主动学习、创造的积极性，利于帮助学生积累宝贵的团队协作与项目开发经验。

（三）科学施教，提高学生主动学习的积极性

Java 程序设计教学过程需要参照工程逻辑建立课程体系，实施激发学生创造能力与创新精神的新模式，构建与完善新工科人才培养质量标准体系，通过分类人才培养，提高教学质量。在本科教学过程中，有些高校除了开设 Java 程序设计课程外，还开设了 C++编程或 C 编程语言，各种编程语言的教学设置不能受制于课程的开设数量，应该更加注重知识点的运用。以重庆工商大学为例，计算机科学专业总共开设了三门编程语言，C 语言编程侧重入门教学以及基本算法的练习，C++编程侧重学习面向对象的思想，而 Java 程序设计更注重与软件工程学科的结合。在实际教学过程中，Java 程序设计中的一些基础语法部分可能和其他一些编程课程的知识点有重复，学生对这些重复知识点会感到疲劳；同时，学生缺乏相应的知识迁移能力，很难根据所学知识解决实际问题。为了提高学生的学习兴趣、提升其工程实践能力，教师可以考虑在教学过程中通过图形化 GUI 界面设计，把实际工程应用于其中，从工程化的视角来解决问题，帮助学生掌握日常生活软件开发项目中常见场景的制作，比如订票系统中线程的使用、Web 页面中进度条的设计以及绘制美观图片等一系列程序，体会可视化程序所带来的成就感，以此来提高学生的学习兴趣。

教师除了通过案例教学外，也可以下载互联网资源，将有一定难度的学习内容制作成相应的微课，通过线上与线下混合教学解决实际问题，这在教学上就能够起到形象直观的指导效果。教育部于 2018 年印发了《教育部关于狠抓新时代全国高等学校本科教育工作会议精神落实的通知》，指出需要严格做好本科教学中的管理工作，提升教学水平与质量。这也是未来 Java 程序设计课程的目标。

（四）合理调整评价机制

在新工科建设的“复旦共识”中，参会专家普遍认为应完善与改革

当前的教学质量评价机制，将“持续改进发展”列为改革的目标。传统的课程质量评价体系重点对教师进行监控与评价，包括教师是否按时到岗、是否认真批改作业等。如果专业要得到持续不断发展，那么需要全面体现以学生为中心以及以产出导向教育作为目标。其质量评价体系在于保证学生能够有效达成课程目标与毕业要求。对毕业生进行跟踪反馈以及引入社会评价机制能够确保评估培养目标的合理性，且能够促使其得以实现。尤其是在完善改革体系中，所要求的并非是孤立的评价与简单的反馈，而是基于激励评价的反馈和基于激励评价的改革。Java 程序设计课程需要以学生为核心作为改革新目标，测试理论知识是否与实践操作相结合以及学生是否真正掌握了学习内容。此外，成绩评价需要多元化，除了平时成绩和期末成绩之外，可以结合实际将学生划分成多个学习小组，增设小组内部的综合答辩成绩作为最终成绩的一部分，从而对学生进行多维度的评价。例如，不只是简单地看平时作业是否按时完成以及作业结果如何，重点在于考查学生独立思考的能力以及学生是否真正掌握理论知识并将其应用于具体实践。

四、结语

在新工科环境下，如何培养创新型人才目前已成为各大高校课程建设改革的热点之一。本文针对重庆工商大学人工智能学院计算机科学类专业 Java 程序设计课程建设在新工科环境下提出见解，旨在提高学生的主动学习能力与项目开发能力，从而为传统的 Java 程序设计课程改革提供新思路。

参考文献：

［1］张磊，于莉莉，王斌，等. 新工科背景下地方性高校计算机类课程建设的研究与探索［J］. 电脑知识与技术，2018，14（16）：130-131.

［2］张凤宝. 新工科建设的路径与方法刍论——天津大学的探索与实践［J］. 中国大学教学，2017（7）：8-12.

［3］蒋宗礼. 新工科建设背景下的计算机类专业改革［J］. 中国大学教学，2017（8）：34-39.

［4］顾佩华. 新工科与新范式：概念、框架和实施路径［J］. 高等工程教育研究，2017（6）：1-13.

［5］赵小芳. 面向新工科的 Java 课程实践教学改革探索［J］. 科教导刊旬刊，2019（3）：129-130.

[6] 焦铬，李浪，郑光勇，等. 新工科背景下基于深度融合的Java课程体系的构建[J]. 计算机教育，2019（3）：102-105.

[7] 祁鑫，宋会英，崔浩. 新工科背景下“软件工程”课程教学改革的研究与探索[J]. 中国石油大学胜利学院学报，2018（4）：65-68.

[8] 周黎鸣，郭拯危. 新工科背景下Java程序设计课程改革探索与思考[J]. 计算机时代，2019（4）：97-99.

[9] 左晶，周探伟，刘丽君，等. 以工程教育专业认证及评估引领教育教学评价技术的提升[J]. 教育教学论坛，2015（27）：174-175.

[10] 章瑾. 新工科背景下Java课程建设与思考[J]. 福建电脑，2019，35（7）：61-62.

新工科视角下高校教师教学质量群体评估方法研究①

赖 涵 卢如兰

摘 要：本文对新工科视角下教师教学质量的评价体系和评价方法进行了研究，总结了适应新工科教学理念的教师教学质量评价指标；对教师教学质量评价等级设计了模糊语言值及对应三角模糊数；对评价人所给评价数据进行集结；在此基础上利用基尼系数法获得决策指标的客观权重，并实现主客观权重的融合；将集结后的评价矩阵转为联系数矩阵，根据TOPSIS决策算法的思想从与正（负）理想评价对象贴近度角度对待评教师教学质量进行优劣排序。本文在所给算法基础上给出了相关算例，验证了本方法的有效性及合理性。

关键词：新工科；教学质量评价；集对分析；基尼系数；TOPSIS方法

一、引言

为应对新一轮科技革命和产业变革，我国提出了“新理念、新结构、新模式、新质量、新体系”的新工科建设目标，为高等工程教育改革指明了方向。但是对新工科建设认识存在不足、考评目的方面存在众多误区、参评教师参与的深度不够等因素，导致目前难以对高校教师教学质量进行科学有效的评价，以使教师不断提高自身教学质量，更好地适应新工科教学的要求。

---

① 基金项目：重庆工商大学2018年课程改革建设项目“Java程序设计”，重庆工商大学科研启动经费项目“基于群体智慧驱动的协作需求获取与精化方法研究”（项目编号：2015-56-01）。

本文对新工科视角下教师教学质量的评价体系和评价方法进行了研究，总结了适应新工科教学理念的教师教学质量评价指标；对教师教学质量评价等级设计了模糊语言值及对应三角模糊数；对评价人所给评价数据进行集结；在此基础上利用基尼系数法获得决策指标的客观权重，并实现主客观权重的融合；将集结后的评价矩阵转为联系数矩阵，根据TOPSIS决策算法的思想从与正（负）理想对象贴近度角度对待评教师教学质量进行优劣排序。本文在所给算法基础上给出了相关算例，验证了本方法的有效性及合理性。

二、新工科视角下教师教学能力评价指标

当前关于新工科视角下教师教学能力评价体系的研究相对较少。李亚奇等人对新工科建设背景下高校教师考核评价制度改革方面以及新工科视角下高校教师教学质量综合评价体系方面进行了研究。吴秋凤和宋晓昱从学生学习成效的视角对工科院校教师教学评价体系进行了研究。农健对新工科背景下计算机类专业实训教学质量评价体系进行了探讨。袁怡洁对基于工程教育专业认证的教师教学过程质量管理进行了研究。高迪等人对新工科视域下的高等教育课程教学质量提升进行了探讨。经过对相关文献进行收集、整理和挖掘，图1给出了新工科视角下教师教学质量综合评价体系。

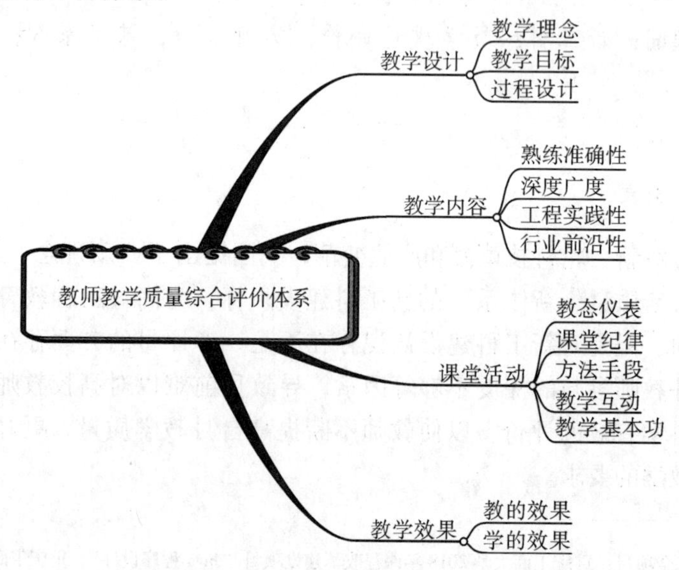

图1　新工科视角下教师教学质量综合评价体系

三、教学能力评价算法

（一）问题的形成

假设有 m 名待评价的教师，记为待评对象集 $A=\{a_1, a_2,\cdots, a_m\}$ $(m\geqslant 2)$；有 n 个评测指标 $C=\{c_1, c_2,\cdots, c_n\}$ $(n\geqslant 2)$；指标主观权重向量 $W=[w_1, w_2,\cdots, w_n]^T$，$w_j$ 为第 j 个评价指标的权重，且有 $\sum_{j=1}^{n} w_j=1$。有 s 名评价者参与了教师教学能力评价，可获得 s 个评价矩阵 $X_k=(x_{ij}^k)_{m\times n}$，$k=1, 2,\cdots, s$。

假设评价者采用 7 级量表对每位待评教师进行评价，各语言值与三角模糊数的对应关系如表 1 所示。

表 1　各语言值与三角模糊数的对应关系

语言值	三角模糊数
极差	(0, 0, 0.17)
非常差	(0, 0.17, 0.33)
差	(0.17, 0.33, 0.5)
一般	(0.33, 0.5, 0.67)
好	(0.5, 0.67, 0.83)
非常好	(0.67, 0.83, 1)
极好	(0.83, 1, 1)

（二）集结每位评价者的评价矩阵

由表 1 所示的转换规则，我们可以将每位评价者的语言评价信息转化为三角模糊数表示，即 $x_{ij}^k=(x_{ijk}^L, x_{ijk}^M, x_{ijk}^N)$，其中 $0\leqslant x_{ijk}^L<x_{ijk}^M<x_{ijk}^N\leqslant 1$；$x_{ijk}^L$，$x_{ijK}^M$，$x_{ijK}^N$ 分别为对应三角模糊数的下确界、中值和上确界。

集结 s 位评价者的模糊评价，我们可以得到集结后的模糊决策矩阵：

$$\tilde{X}=(\tilde{x}_{ij})_{m\times n}\text{，记 }\tilde{x}_{ij}=(\tilde{x}_{ij}^L, \tilde{x}_{ij}^M, \tilde{x}_{ij}^N)\text{，且}\begin{cases}\tilde{x}_{ij}^L=\min\limits_k\{x_{ijk}^L\}\\ \tilde{x}_{ij}^M=\dfrac{1}{s}\sum\limits_{k=1}^{s}x_{ijk}^M\\ \tilde{x}_{ij}^N=\max\limits_k\{r_{ijk}^N\}\end{cases}\quad(1)$$

由于三角模糊数是以隶属度形式体现的，其三个分量分别在［0，1］，因此不用考虑数据的规范化问题。

（三）利用基尼系数法计算评价指标的客观权重

基尼系数由基尼提出，是衡量收入分配差异的一个量化指标，被广泛运用于研究数据差异的影响。根据基尼系数的取值能够反映不同评价对象间数据差异的特点，李刚等提出了一种基于基尼系数的客观权重计算方法。不同方案在同一指标下的绩效值差异越大，基尼系数越大，相应准则的客观权重越大。

基尼系数权重法是一种基于指标数据差异度的加权方法。基尼系数本身的定义消除了维数的影响，具有不受人为干扰、不受指标量纲影响的优点。与熵权法、均方差权重法、TOPSIS 权重法等基于标准数据差异程度的其他权重方法相比，基尼系数权重法可以反映任意两个评价对象间的差异，具有较好的适用性和保序性。在本文的研究中，我们使用基尼系数权重法计算指标的客观权重。

定义：假设 G_k 表示第 k $(k=1,2,\cdots,n)$ 个指标的基尼系数，m 表示特定指标的数据个数，y_{ki} 表示第 k 个指标的第 i 个数据，E_k 表示第 k 个指标下所有备选方案性能值的期望值。我们通过公式（2）或公式（3）可得第 k 个指标对应基尼系数值。

$$G_k=\sum_{i=1}^{m}\sum_{j=1}^{m}|y_{ki}-y_{kj}|/2m^2E_k \tag{2}$$

$$G_k=\sum_{i=1}^{m}\sum_{j=1}^{m}|y_{ki}-y_{kj}|/(m^2-m) \tag{3}$$

特别地，当特定指标下所有待评价对象所获评价的平均值不等于 0 时，该指标的基尼系数由公式（2）计算；否则，该指标的基尼系数由公式（3）计算。

然后，我们可以通过公式（4）得到标准的客观权重。

$$w_k^{'}=G_k/\sum_{k=1}^{n}G_k \tag{4}$$

基于以上基尼系数权重计算方法，本文首先利用公式（5）将三角模糊数评价矩阵 $\tilde{X}$ 进行解模糊处理，得到解模糊后的评价矩阵 $\bar{X}=(\bar{x}_{ij})_{m\times n}$。

$$\bar{x}_{ij}=(\tilde{x}_{ij}^{L}+2\tilde{x}_{ij}^{M}+\tilde{x}_{ij}^{N})/4 \tag{5}$$

之后我们利用公式（2）、公式（3）、公式（4）可以求得各指标的客观权重 w_k^G $(k=1,2,\cdots,n)$。

（四）计算各评价指标的主客观组合权重

根据评价指标的客观权重向量 $W' = [w_1', w_2', \cdots, w_m']$ 和由专家给定的主观权重向量 $W = [w_1, w_2, \cdots, w_m]$，我们可以计算得到评价指标的主客观组合权重向量 $\tilde{W} = [\tilde{w}_1, \tilde{w}_2, \cdots, \tilde{w}_m]$。其中：

$$\tilde{w}_j = \frac{w_j' \times w_j}{\sum_{j=1}^{n} w_j' \times w_j} \quad j = 1, 2, \cdots, n \tag{6}$$

组合权重既反映了客观的评价信息，又体现了评价者对评价指标的偏好。

（五）将模糊数决策矩阵转为联系数矩阵

集对分析（set pair analysis, SPA）是一种应用广泛的系统分析方法。该方法具有确定性和不确定性结合、定性与定量结合的特点，可有效处理由模糊、信息不完全等原因所致的不确定性问题。所谓集对，是指具有一定联系的两个集合所组成的对子。集对分析的核心思想就是用同一度、差异度、对立度来刻画集对的特征，其特征用联系数来表示。联系数的基本表达式为

$$\mu = a + bi_0 + cj_0$$

其中，$a, b, c \in [0, 1]$，为实数，分别表示同一度、差异度和对立度，a 和 c 是相对确定的，b 是相对不确定的；$i_0 \in [-1, 1]$，表示差异不确定系数，$j_0 = -1$ 表示对立系数。当 $c = 0$ 时，我们称 $\mu = a + bi_0$ 为同异型二元联系数。

由于三角模糊数的平均值和标准差在统计学的样本意义上能说明三角模糊数的集中性（确定性）与离散型（不确定性），因此为便于定量评估决策，本文将三角模糊数形式的评价矩阵 $\tilde{X} = (\tilde{x}_{ij})_{m \times n}$ 转化为同异型二元联系数评价矩阵 $X'' = (x_{ij}'')_{m \times n}$。转化公式为

$$x_{ij}'' = a_{ij} + b_{ij} i_0 \tag{7}$$

其中：

$$a_{ij} = x_{ij}' = \frac{\tilde{x}_{ij}^L + \tilde{x}_{ij}^M + \tilde{x}_{ij}^N}{3}$$

$$b_{ij} = \tilde{s}_{ij} = \sqrt{\frac{(\tilde{x}_{ij}^L - x_{ij}')^2 + (\tilde{x}_{ij}^M - x_{ij}')^2 + (\tilde{x}_{ij}^N - x_{ij}')^2}{2}}$$

$x_{ij}^{'}$ 和 $\tilde{s}_{ij}$ 分别是对应三角模糊数 $\tilde{x}_{ij}$ 的平均值和标准差，$i_0 \in [-1, 1]$。

（六）基于贴近度进行综合评估决策

我们根据评价矩阵 $X^{''}$，确定正（负）理想评价对象 $a_0^+(a_0^-)$ 并将其作为评价参考。正理想评价对象 a_0^+ 的评估向量为 $\mu^+ = [\mu_1^+, \mu_2^+, \cdots, \mu_n^+]$，其中 $\mu_j^+ = \max_i \mu_{ij} = a_j^+ + b_j^+ i_0$，$a_j^+ = \max_i a_{ij}$，$b_j^+ = \min_i b_{ij}$；负理想评价对象 a_0^- 的评估向量为 $\mu^- = [\mu_1^-, \mu_2^-, \cdots, \mu_n^-]$，其中 $\mu_j^- = \min_i \mu_{ij} = a_j^- + b_j^- i_0$，$a_j^- = \min_i a_{ij}$，$b_j^- = \max_i b_{ij}$。

由于二元联系数 $\mu_x = a_x + b_x i_0$，$\mu_y = a_y + b_y i_0$，$i_0 \in [-1, 1]$，存在贴近度公式：

$$d(\mu_x, \mu_y) = |a_x - a_y| + |b_x - b_y| \tag{8}$$

我们借鉴传统的 TOPSIS 排序方法，利用公式（9）计算方案 a_i 与正（负）理想评价对象 $a_0^+(a_0^-)$ 在第 j 个决策指标 c_j 下的贴近度 $d(\mu_{ij}, \mu_j^+)$ 和 $d(\mu_{ij}, \mu_j^-)$。

$$\begin{cases} d(\mu_{ij}, \mu_j^+) = |a_{ij} - a_j^+| + |b_{ij} - b_j^+| \\ d(\mu_{ij}, \mu_j^-) = |a_{ij} - a_j^-| + |b_{ij} - b_j^-| \end{cases} \tag{9}$$

我们结合各指标权重，即可得评价对象 a_i 与正（负）理想评价对象 $a_0^+(a_0^-)$ 之间的综合贴近度。

$$\begin{cases} d(a_i, a_0^+) = \sum_{j=1}^{n} \tilde{w}_j \cdot d(\mu_{ij}, \mu_j^+) \\ d(a_i, a_0^-) = \sum_{j=1}^{n} \tilde{w}_j \cdot d(\mu_{ij}, \mu_j^-) \end{cases} \tag{10}$$

在 $d(a_i, a_0^+)$ 和 $d(a_i, a_0^-)$ 的基础上，计算方案决策综合值如下：

$$d(x_i) = \frac{d(a_i, a_0^-)}{d(a_i, a_0^+) + d(a_i, a_0^-)} \tag{11}$$

$d(x_i)$ 越大，说明该评价对象 a_i 越靠近正理想评价对象且远离负理想对象，则该教师的教学能力越强。

四、算例

本文列举具体应用示例如下：设有五名评价者（含教育专家、学生）对四名待评价教师 $A = \{a_1, a_2, a_3, a_4\}$ 进行教学能力的综合评价。五名评价者的权重相同，评价者直接在四个维度上对待评价教师的教学能力进行评价，即 c_1 = 教学设计，c_2 = 教学内容，c_3 = 课堂活动，c_4 = 教学效果。各评价指标权重构成权重向量 $W = [0.2, 0.2, 0.3, 0.3]$。

评价者采用如表 1 所示的七级量表对四名待评价教师 $A = \{a_1, a_2, a_3, a_4\}$ 进行教学能力的综合评价。结果如表 2 所示。

表 2　教师教学能力综合评价数据

评价者	待评价教师	c_1	c_2	c_3	c_4
r_1	a_1	一般	好	非常好	好
	a_2	好	好	一般	好
	a_3	非常好	好	极好	非常好
	a_4	一般	好	一般	好
r_2	a_1	好	非常好	好	非常好
	a_2	好	一般	好	一般
	a_3	好	一般	好	好
	a_4	好	极好	非常好	好
r_3	a_1	好	非常好	好	极好
	a_2	好	极好	一般	好
	a_3	一般	非常好	好	好
	a_4	好	一般	一般	好
r_4	a_1	好	一般	好	一般
	a_2	好	一般	好	好
	a_3	非常好	好	非常好	好
	a_4	好	好	好	好
r_5	a_1	好	非常好	极好	好
	a_2	非常好	好	好	好
	a_3	非常好	好	非常好	好
	a_4	非常好	一般	非常好	好

我们利用表 1 中的转换规则将表 2 中的语言评价信息转换为对应的三角模糊数。结果如表 3 所示。

表 3　三角模糊数表示的评价矩阵

评价者	待评价教师	c_1	c_2	c_3	c_4
r_1	a_1	(0.33, 0.5, 0.67)	(0.5, 0.67, 0.83)	(0.67, 0.83, 1)	(0.5, 0.67, 0.83)
	a_2	(0.5, 0.67, 0.83)	(0.5, 0.67, 0.83)	(0.33, 0.5, 0.67)	(0.5, 0.67, 0.83)
	a_3	(0.67, 0.83, 1)	(0.5, 0.67, 0.83)	(0.83, 1, 1)	(0.67, 0.83, 1)
	a_4	(0.33, 0.5, 0.67)	(0.5, 0.67, 0.83)	(0.33, 0.5, 0.67)	(0.5, 0.67, 0.83)
r_2	a_1	(0.5, 0.67, 0.83)	(0.67, 0.83, 1)	(0.5, 0.67, 0.83)	(0.67, 0.83, 1)
	a_2	(0.5, 0.67, 0.83)	(0.33, 0.5, 0.67)	(0.5, 0.67, 0.83)	(0.33, 0.5, 0.67)
	a_3	(0.5, 0.67, 0.83)	(0.33, 0.5, 0.67)	(0.5, 0.67, 0.83)	(0.5, 0.67, 0.83)
	a_4	(0.5, 0.67, 0.83)	(0.83, 1, 1)	(0.67, 0.83, 1)	(0.5, 0.67, 0.83)
r_3	a_1	(0.5, 0.67, 0.83)	(0.67, 0.83, 1)	(0.5, 0.67, 0.83)	(0.83, 1, 1)
	a_2	(0.5, 0.67, 0.83)	(0.83, 1, 1)	(0.33, 0.5, 0.67)	(0.5, 0.67, 0.83)
	a_3	(0.33, 0.5, 0.67)	(0.67, 0.83, 1)	(0.5, 0.67, 0.83)	(0.5, 0.67, 0.83)
	a_4	(0.5, 0.67, 0.83)	(0.33, 0.5, 0.67)	(0.33, 0.5, 0.67)	(0.5, 0.67, 0.83)
r_4	a_1	(0.5, 0.67, 0.83)	(0.33, 0.5, 0.67)	(0.5, 0.67, 0.83)	(0.33, 0.5, 0.67)
	a_2	(0.5, 0.67, 0.83)	(0.33, 0.5, 0.67)	(0.5, 0.67, 0.83)	(0.5, 0.67, 0.83)
	a_3	(0.67, 0.83, 1)	(0.5, 0.67, 0.83)	(0.67, 0.83, 1)	(0.5, 0.67, 0.83)
	a_4	(0.5, 0.67, 0.83)	(0.5, 0.67, 0.83)	(0.5, 0.67, 0.83)	(0.5, 0.67, 0.83)
r_5	a_1	(0.5, 0.67, 0.83)	(0.67, 0.83, 1)	(0.83, 1, 1)	(0.5, 0.67, 0.83)
	a_2	(0.67, 0.83, 1)	(0.5, 0.67, 0.83)	(0.5, 0.67, 0.83)	(0.5, 0.67, 0.83)
	a_3	(0.67, 0.83, 1)	(0.5, 0.67, 0.83)	(0.67, 0.83, 1)	(0.5, 0.67, 0.83)
	a_4	(0.67, 0.83, 1)	(0.33, 0.5, 0.67)	(0.67, 0.83, 1)	(0.5, 0.67, 0.83)

我们通过公式（1）集结表 3 中五位评价者的模糊评价数据，可计算得到集结后的模糊决策矩阵。结果如表 4 所示。

表 4　集结后的模糊决策矩阵

待评价教师	c_1	c_2	c_3	c_4
a_1	(0.33, 0.636, 0.83)	(0.33, 0.732, 1)	(0.5, 0.768, 1)	(0.33, 0.734, 1)
a_2	(0.5, 0.702, 1)	(0.33, 0.668, 1)	(0.33, 0.602, 0.83)	(0.33, 0.636, 0.83)
a_3	(0.33, 0.732, 1)	(0.33, 0.668, 1)	(0.5, 0.8, 1)	(0.5, 0.702, 1)
a_4	(0.33, 0.668, 1)	(0.33, 0.668, 1)	(0.33, 0.666, 1)	(0.5, 0.67, 0.83)

我们通过公式（5），对获得的三角模糊数评价矩阵进行解模糊处理，得到解模糊后的评价矩阵。结果如表 5 所示。

表 5　解模糊后的决策矩阵

待评教师	c_1	c_2	c_3	c_4
a_1	0. 608	0. 698 5	0. 759	0. 699 5
a_2	0. 726	0. 666 5	0. 591	0. 608
a_3	0. 698 5	0. 666 5	0. 775	0. 726
a_4	0. 666 5	0. 666 5	0. 665 5	0. 667 5

我们利用公式（2）或公式（3）可以得到每个指标对应的基尼系数值 $G_1 = 0.036$，$G_2 = 0.009$，$G_3 = 0.058$，$G_4 = 0.036$。

我们通过公式（4）可以得到标准的客观权重 $w_1^{'} = 0.259$，$w_2^{'} = 0.064$，$w_3^{'} = 0.418$，$w_4^{'} = 0.259$。

我们通过公式（6），可以计算得到评价指标的主客观组合权重向量（0. 193，0. 048，0. 469，0. 290 ）。

我们通过公式（7），可以将三角模糊数形式的评价矩阵转化为以下同异型二元联系数评价矩阵：

$$\begin{bmatrix} 0.599 + 0.252i_0 & 0.687 + 0.337i_0 & 0.756 + 0.250i_0 & 0.688 + 0.337i_0 \\ 0.734 + 0.252i_0 & 0.666 + 0.335i_0 & 0.587 + 0.250i_0 & 0.599 + 0.252i_0 \\ 0.687 + 0.337i_0 & 0.666 + 0.335i_0 & 0.767 + 0.252i_0 & 0.734 + 0.252i_0 \\ 0.666 + 0.335i_0 & 0.666 + 0.335i_0 & 0.665 + 0.335i_0 & 0.667 + 0.165i_0 \end{bmatrix}$$

我们利用求解步骤，可以求得正理想方案 x_0^+ 的评估向量 $u^+ = [0.734+0.251i_0, 0.687+0.335i_0, 0.767+0.250i_0, 0.734+0.165i_0]$，负理想方案 x_0^- 的评估向量 $u^- = [0.599+0.337i_0, 0.666+0.337i_0, 0.587+0.335i_0, 0.598+0.337i_0]$。

我们通过公式（9）和公式（10）可以计算得出各方案与正（负）理想方案的综合贴近度。结果如表 6 所示。

表 6　综合贴近度

$d(a_i, a_0^+)$	0. 811	0. 003	0. 177	0. 172
$d(a_i, a_0^-)$	0. 089	0. 001	0. 318	0. 184

我们利用公式（11）并结合表 9 可以计算得出各方案与正（负）理想方案的决策综合值向量［0. 632，0. 418，0. 796，0. 466］。

由于 $d(a_3) > d(a_1) > d(a_4) > d(a_2)$，可知各待评价教师的教学能

力由强到弱为 $a_3 > a_1 > a_4 > a_2$。

五、结论

本文研究了一种基于集对分析和组合权重的群决策方法以支持新工科视角下教师教学能力的评价。本文对新工科视角下教师教学能力的主观评价指标进行了总结；结合基尼系数权重计算方法，利用评价者所给评价信息获取各指标的客观权重，然后实现主客观权重的融合；利用集对分析方法通过建立三角模糊数向联系数转换，较好地解决了决策过程中指标评价的不确定性和模糊性；通过 TOPSIS 方法计算每个待评价对象与正（负）理想评价对象的相对贴近度，获得各待评价对象的最终评价值，以最终明确待评价教师教学能力的强弱；通过具体算例，验证了本文方法的有效性及合理性。

在未来的研究中，我们将应用真实教学评价数据以进一步检验本方法的适用性，并拓展评价方法以进一步支持在评价指标相互关联的情况下的综合评价。

参考文献：

[1] 李贞玉，李红双，王璐，等．“新工科”背景下高校工程人才培养改革研究［J］．教育现代化，2019，6（86）：30-31.

[2] 李亚奇，李峰，王涛．新工科视角下高校教师教学质量综合评价体系研究［J］．高等工程教育研究，2019（S1）：289-291.

[3] 李亚奇，王涛，曹继平，等．新工科建设背景下高校教师考核评价制度改革研究［J］．渭南师范学院学报，2019，34（11）：5-12.

[4] 吴秋凤，宋晓昱．工科院校教师教学评价体系的构建研究——基于学生学习成效的视角［J］．教育探索，2019（5）：100-104.

[5] 农健．新工科背景下计算机类专业实训教学质量评价体系研究［J］．教育现代化，2019，6（81）：97-98.

[6] 袁怡洁．基于工程教育专业认证的教师教学过程质量管理研究［J］．教育教学论坛，2019（15）：21-22.

[7] 高迪，印桂生，孙建国．新工科视域下的高等教育课程教学质量提升研究［J］．黑龙江高教研究，2018，36（12）：144-147.

[8] 李刚，程砚秋，董霖哲，等．基尼系数客观赋权方法研究［J］．管理评论，2014，26（1）：12-22.

[9] 赵克勤．基于集对分析的不确定性多属性决策模型与算法［J］．智能系统学报，2010，5（1）：41-50.

关于计算机语言课程线上教学模式对学生创新素养培养的影响的思考①

严 玥

摘 要：本文简要概述了线上教学模式对目前计算机语言课程教学中学生创新能力培养的冲击与机遇，提出了在此背景下如何重构计算机语言课程教学模式，简要分析了相关重点和难点，并进行了总结和展望。

关键词：线上教学模式；创新素养培养；计算机语言类课程

一、线上教学模式带给计算机语言课程教学的挑战与机遇

因为2020年新型冠状病毒肺炎疫情的特殊原因，线上教学模式以猝不及防的方式快速进入了高校课堂，给各学科、各课程都带来了巨大影响。计算机语言课程由于其课程特殊性，所受影响较大。对于绝大多数本科学生而言，计算机语言课程，尤其是在第一门课程学习中所养成的学习习惯和思维方式，将直接影响其程序逻辑思维的培养，直接影响其创新能力和兴趣的培养。

2020年是各类在线教育、互联网带动教育服务行业发展最快速的一年，在线教育领域不断细化，用户边界延伸，用户认可度和接受能力不断提升，各类学习环境搭建、个性化学习场景更是飞速发展。这些变化尤其是计算机语言课程线上教学模式对目前高校理工科专业学生创新素养培养的影响主要集中在以下几个方面：

第一，冲击原来的以教师为核心的传统授课模式或教师主导、主持模式，使得教师在短时间之内很难适应，从而加大了教师备课和上课的

① 基金项目：重庆市“十三五”规划课题（项目编号：2018-GX-350）。

难度。很多教师感到教学进度特别是教学效果几乎属于“不可知”状态，更谈不上“可控”了。没有了充分的眼神交流，教师无法实现对学生神态的习惯性跟踪，很多教师感到很迷茫，甚至从业多年的教师也感到了不自信，从而直接影响了教师的上课状态。需要特别注意的是，教师对直播课堂等各种线上平台以及各种教学辅助手段的适应性实际上比事先预估的要强。也就是说，从“教”的角度来讲，影响整体质量的关键不是新技术障碍，而是教学思路和教学模式的冲击。

第二，学习注意力和专注力弱化，时间“碎片化”趋势较为严重，间接削弱了创新能力。从学生的角度来看，由于缺乏上课的“仪式感”，没有周围学习氛围烘托，学生在线上教学授课时间内，很难获得一个注意力专注期，这对需要逻辑思维的计算机语言课程学习的影响是非常大的。值得一提的是，课堂中多种可视化界面的频繁切换实际上非常不利于学生集中注意力，学生在频繁的界面转换中，需要多次调整思维聚焦，这对于需要严密逻辑思维与持续注意力的课程是非常不利的。具体到计算机语言课程中，学生很难将思维专注到解决某一逻辑问题上，而是过分关注界面上描述的信息，并未形成比较连续的逻辑思维。

第三，学生注意力分散，创新主体地位和参与意识减弱。线上教育模式中学生对教师产生依赖性的主要原因是线上资源过多，没有形成比较完善的知识体系。成绩相对较差的学生在短时间之内很难形成基本知识架构，只是忙于应付，而成绩相对较好的学生在面对众多网络资源的时候，具有极强的主观意愿和盲目性，没有把精力集中在知识体系建构或创新能力培养上，从而间接削弱了创新主体的参与意识。

我们同时也应该看到，计算机专业作为受“互联网+”影响最大的专业之一，其专业核心素养教育，特别是创业创新能力培养也因为“互联网+”面临前所未有的机遇。其主要体现在以下几个方面：

第一，拓展了创新能力培养的途径和方式。借助线上教学方式，教师可以将很多以前相对比较难以展现的知识点“立体化”和“动态化”，并可以让学生随时随地学习，丰富了学习的时间和空间维度。

第二，提供了非常难得的社会应用大环境。“互联网+”背景下相当多的技术应用领域都和计算机相关，线上教学方式改变了单一的教学环境，只要引导及时，很容易让学生对计算机语言课程的理论知识运用有比较清晰的认识，从而能够进一步激发学生学习知识的积极性，特别是使学生对创新运用产生了比较浓厚的兴趣。这种思维能力的培养对今后相关专业知识的学习也是非常有利的。

第三，为培养多元化创新能力提供了新思路。线上教学模式从某种意义上来讲，可以被看成一种综合呈现多学科知识的方式，实际上很多需要相对较多的专业知识才能理解的运用，被线上教学方式提前展现出来，摆在了学生面前，比如机器学习、虚拟现实、大数据分析运用等。这些运用的呈现不但有利于激发学生的兴趣，而且使得学生对创新能力训练的目的、预期价值以及完成方式等有了更直观的了解和预估。学生很容易被某个主题所吸引，也更愿意从事他们看到的相关热门工作，并愿意付出更多努力。

二、线上教学模式下创新型人才培养模式的构建与分析

我们在计算机语言课程建设中，要注重教学模式的重构，在资源建设和共享的同时，更应该注重知识结构的建立和梳理，将重点放在模式创新和教学引导上去，以“注重基础、强化训练、加强综合、培养能力、应用创新”为原则，重点解决以下问题：

（一）重视思维模式转变和创新

教师应充分意识到不管今后采取哪种教学方式，“互联网+”对大学生的思维习惯的影响已经不可忽视。教师必须跟上形势，不能仅满足于会用线上教学所需要的各种平台，而应该更加深入地去体会线上教学模式对本课程教学的深远影响，以期找到扬长避短的方式方法。

（二）重构课程体系

教师既要保留原有课程体系的优点以利于学生巩固和深化理论知识，又要注重调动学生的积极性，以激发学生的创造性。重构课程体系的重点在于对计算机专业学生的创新能力、创新思维以及“互联网+”背景下学生日常学习习惯、学习能力的分析研究，关键在于打破在“互联网+”背景下，学生学习能力培养、创新能力培养的瓶颈。

（三）重视线上实验的实施和评估

计算机语言课程教学的关键并不是让学生学习某个设计语言的语法，而是让学生在学习的过程中逐步培养程序逻辑思维，并逐步锻炼学生的设计构思能力，培养学生分析问题、解决问题的创新能力，让学生在面对新问题时能够充分调动主观能动性，主动去寻找解决问题的途径。

在线上实验过程中，教师应更新实验的教学方式，逐步培养学生针对新问题运用形象思维和抽象思维解决问题的能力。同时，教师要注意

对学生团队协作能力、组织能力的培养。我们发现，在线上实验教学中，直接将语言调试平台用于实验教学，采用“问题突然袭击”“边讲解边解决”“团队讨论”“随时提问随时解决”的方式，能够更加充分地调动学生的学习主动性，取得了非常不错的效果。

（四）不能忽视情绪对创新能力的影响

积极情绪对学生创新能力有正向影响和促进作用。在计算机语言课程教学过程中，特别是早期的教学过程中，计算机语言课程的实验容易让学生产生成就感，也容易让学生产生挫败感。教师千万不能忽略学生的受挫情绪，应注重及时加以引导和疏导，让学生逐渐理解“试错”是飞速进步的必经阶段。教师对每个学生的学习情绪和学习习惯应建立相对比较完善的跟踪体系，实现对学生在创新训练过程中的情绪引导，并贯穿到日常创新素质的培养中去，形成完整的迭代机制。

三、总结和展望

计算机专业具有专业知识更新速度快、行业发展迅猛以及学科交叉运用日趋复杂的特点，学生的创新能力特别是专业创新能力的强弱将直接决定其未来专业发展前景的好坏。学生提升自我创新专业素养和增强知识迭代能力是计算机专业教育培养的重要目标。

“互联网+”背景下的当代大学生具有极强的主体地位意识。以创新能力为核心的培养方式，将增强学生发现和探索知识的乐趣与欲望，从而加深学生对所学理论知识的理解和运用，有利于学生对专业知识整体架构的理解，有利于锻炼和培养学生独立思考问题，从而在学生创新能力培养上形成良性循环。

参考文献：

[1] 孟小峰，慈祥. 大数据管理：概念、技术与挑战 [J] 计算机研究与发展，2013（1）：146-169.

[2] 维克托・麦尔，舍恩伯格，肯尼思・库克耶. 大数据时代——生活、工作与思维的大变革 [M]. 盛杨燕，周涛，译. 杭州：浙江人民出版社，2013：33.

[3] 杨立明，纪剑辉. 高等院校生物学类专业大学生创新创业能力培养途径的探索与实践 [J]. 高教学刊，2016（23）：65-69.

基于多形式混合的网络教学模式研究
——以电机及拖动基础为例

姚行艳

摘 要： 计算机技术的发展，尤其是互联网技术的突飞猛进，带来了新的教学模式，产生了“互联网+教育”的创新性教学方式。尤其是在特殊情况下，当传统的以教师在课堂上讲解为主的教学模式不能实施的时候，网络教学成为新的选择。以翻转课堂等为代表的单一教学模式，需要学生具有较强的学习主动性和时间管理能力，具有一定的局限性。因此，混合教学模式成为一种新的可能。为充分调动学生的学习积极性，激发学生的学习兴趣，培养学生的独立思考能力，本文在充分讨论了混合教学模式现状的基础上，提出采用“慕课+对分课堂+企业微信+网络教学平台”的“四位一体”的新的教学模式，并通过电机及拖动基础课程探索性地提出了教学过程设计。

关键词： 企业微信；慕课；网络教学平台；对分课堂；电机及拖动基础

计算机科学技术发展的快速性、普适性的特点不断渗透到工业、科技、医疗、教育等行业。人工智能、物联网等新兴技术和行业极大地促进了教育的发展。当代大学生追求自由的性格特点，也促进了教学方式的改变。传统课堂教学过程中主要以教师讲解为主的单一教学模式已不再满足学生接收知识的需要。将现代教学工具及手段与传统教学模式相结合的混合教学模式成为现代教育的主要方式之一。

一、混合教学模式现状

一般来说，混合式教学是指将在线教学模式与传统教学模式相结合，充分发挥各自优势的一种线上线下新型教学模式。在线教学方式主要通过录制课程的形式，将传统教室的实时课堂教学转换为网络视频资源，方便学生在任意时间、任意地点学习。这种在线教学模式的最大优势在于克服了传统教室讲授方式的不可回放的困难，学生可以自主安排学习时间、地点、路径和进度，有助于学生对知识点尤其是难点的进一步理解，能在一定程度上调动一部分学生的学习主动性。但这种在线教学方式也具有一定缺点，如学生缺少监督、讨论和交流，一部分学生容易养成惰性。目前，已有的混合式教学主要有以下四种模式：转换模式、弹性模式、自我混合模式和虚拟增强模式。

转换模式是指教师和学生之间角色互换，在教学过程中，教师减少自己讲课的时间，引导学生自主学习，鼓励、组织学生上台讲述对某个知识点的理解，而教师则在台下听学生讲解。高校中转换模式的实践方式主要是翻转课堂。翻转课堂通过转换师生角色，教师设计学习内容和把握教学方向，让学生在课堂内充分占有主导时间，这样学生可以更加专注于知识点，充分发挥主观能动性，在积极讨论的过程中，获得对知识点更深层次的理解。翻转课堂的特点是学生需要课前通过网络资源（如视频讲座、博客、电子书等方式）进行预习，从而让教师减少在课堂上讲解的时间，让学生与教师在课堂上有更多交流的时间。2000 年，美国迈阿密大学教授在讲授经济学入门中采用翻转课堂教学模式，并取得较好效果。同年，第十一届教学国际会议上提出了基于网络课程管理的翻转课堂，进一步推广翻转课堂。2007 年，美国科罗拉多州的乔纳森（Jonathan）开创性地将录播课件及附有讲解声音的视频上传到网上，并让学生在家看视频学习，而教师在课堂上主要进行答疑、解惑。翻转课堂虽然在一定程度上丰富了学生的学习方式，但同时也会减少学生间的交流，学生缺乏提问和思考的积极性，而且录制、剪辑视频十分繁琐，耗费教师大量精力。

弹性模式的主要方式之一是采用弹性学分制进行教学，即用积分换学分。其核心思想是以人为本，在教学过程中因材施教，培养学生的学习兴趣，激发学生的学习积极性。这种教学模式的重点在于教师如何设计积分以及积分与学分之间的转换方式。基于弹性模式的教学方法还可以进一步融合翻转课堂，于是产生了相应的“弹性翻转课堂”。与传统翻转课堂模式相比，弹性翻转课堂模式在每个教学环节中增加了相应的反馈机制，这样教师能够及时调整课程的教学内容、方法和进度。

在自我混合模式下，学生可以根据自身的实际情况选择合适的混合教学模式。学生可以选择一种或多种在线课程进行学习，将在线课程的实体课程作为学习的补充方式。美国宾夕法尼亚州的夸克顿社区试行了该模式。其具体执行方式如下：学生在上课之前需接受在线课程学习，学生可以在除教室之外的地方如网络休息室进行远程学习，而教师则通过网络的方式进行面对面课堂教学。

在虚拟增强模式下，学生可以自由安排自己的学习时间，除必须面对面讲授课程之外，学生可以自主选择时间进行其他在线课程学习。其具体执行方式如下：教师设计教学过程与方式，在每学期的第一节课，向学生讲明相关课程的教学计划和课程内容、进度等。学生的课程成绩如达到指定级别，那么学生就可以不去学校，而通过在线学习的方式完成课堂作业。所有学科的课程都可以在网上进行在线学习。课程成绩未达到指定级别的学生则通过线下的方式学习，以课堂学习为主。这样教师可以实时追踪学生的学习进度，并对学生的学习进行评价，从而调整学生的学习方式。

除以上几种教学模式外，还有将以上几种模式结合的混合教学模式。混合教学模式是指充分结合传统授课方式、混合学习模式和翻转课堂教学方法，通过混合教学培养学生的团队合作能力和自学能力。

通过以上分析可知，不管采用哪种教学模式，都对学生的自我时间管理能力、自我约束能力有很高要求，同时还需要学生具有较强自学和思考能力。有研究者通过对 1 778 人（其中在校大学生和已毕业大学生分别占比 13%和 63. 5%）进行在线调查后发现，只有 2. 1%的大学生的上课态度“非常认真”，上课态度“比较认真”的大学生约占 12. 4%，上课态度“一般”的大学生约占 39. 5%，而上课态度“不认真”的大学生的比例高达 46%。调查结果还发现，课堂上没有认真听课的学生，玩游戏、睡觉、逃课的比例分别为 68. 1%、66%和 64. 7%，而聊天和学习其他知识（学习英语和准备公务员考试）的比例分别为 61. 6%和 52. 9%。由此可见，当代大学生普遍缺乏自我约束能力和学习的积极性与主动性。从学生的角度来看，教学改革不仅需要充分利用网络资源，还需要合理安排和设计课堂内容、进展和过程，充分调动学生的积极性。从教师的角度来看，教学改革需要在一定程度上解放教师，减小教师在课堂之外的工作量。

二、多形式混合网络教学

多形式混合网络教学方式充分融合慕课、对分课堂、企业微信和网络教学平台的优点，在解放教师的同时，充分调动学生的学习主动性和自觉性，培养学生的学习能力和质疑能力，同时增强学生的团队合作意识。

慕课是“互联网+”与教育充分结合的产物，是大规模开放在线课程的教学方式。慕课是通过开放课程的方式，允许任何人对所感兴趣的任意课程，在任何时间、地点，在网上进行学习的教学模式。慕课的学习主要依托网络平台，教师将所录制的课程上传到相应的网络平台，并布置相应的作业，制订学习计划，学生完成相应环节的任务后，通过考核可以获得一定的学分，取得相应的成绩。

以认知心理学为基础的对分课堂是由复旦大学的张学新教授于2014年提出的创新教学模式。对分课堂将讲授和讨论两种方式有机结合，因其具有较强可操作性而受到极大的关注。对分课堂的核心理念不仅是“以人为本”，而且充分体现以“以学为本”。对分课堂将课堂时间的一半留给学生讨论，而将另一半时间留给教师讲授。这种一分为二的方法有效合理地分配了课堂时间。从心理学的角度来讲，对分课堂在教师讲授和学生讨论中穿插了内化环节，留给学生充足的时间对课堂讲授内容进行内化吸收。教师先对学生进行分组，之后的执行过程主要有以下三个环节：第一，教师讲授。与传统教学过程不同，对分课堂中的讲授内容不再面面俱到，而是注重帮助学生梳理教学内容，重点讲述难点。第二，内化吸收。教师针对讲解的内容，设计并提出几个关键问题，分配时间给学生，让学生带着问题学习教材，对内容加以理解、吸收。在内化吸收的过程中，学生一般需要独立思考，而不能互相交流与讨论。第三，学生讨论。讨论是对分课堂的最后一个环节，也是其精华部分。教师分配一定时间给学生，让学生分组讨论。通过分组讨论的方式，学生充分发挥主观能动性，学生之间互相帮助，激发学习兴趣，增强团队合作意识。最后，每组选派一位学生提出疑问，总结收获。

企业微信是腾讯公司开发的一种企业通信与办公工具。教师可以通过微信的方式，合理安排课程表；通过语音会议或视频会议的方式进行课程讲解；还可以进行文档共享，进行现场答疑和文件协作。

目前，网络教学平台主要是以互联网技术为基础的开放的网上课程管理系统，是一种交互式教学平台，学生可以实时了解整个教学动态。教师可以在网络教学平台上发布与教学过程相关的资源，主要包括教学大纲、通知、课件、视频文件、作业，还可以开展教学讨论和发布问卷调查。就高校而言，为顺应教学改革趋势，各高校陆续开放了相应的网络教学平台，以满足互联网环境下师生的要求，不仅可以及时、有效传递信息，还节约了教学资源，在一定程度上实现了教学资源共享。

三、多形式混合网络教学模式在电机及拖动基础课程中的应用

电机及拖动基础是自动化专业的核心课程，是后续电机控制等的基础课程。其主要内容包括直流电机、变压器和交流电机，知识点涉及高等数学、材料、电磁学、机械结构和力学等。其特点在于理论性强、对象抽象且复杂、知识点繁多且公式多，需要学生掌握电机和变压器的基本工作原理和启动、转动、调速等。对于该课程，教师难教，学生难学，甚至有部分学生到后期放弃学习。因此，学好这门课程不仅对学生来说有难度，而且对教师来说，要在有限的课时内取得一定的效果也具有挑战性。

本文以重庆工商大学自动化专业的电机及拖动基础课程为例，说明在课程中如何运用多形式混合网络教学模式。

首先，在上课之前，教师通过在线学习平台发布课程信息，上传教学大纲、教学课件、测试题和视频资源。在上课前一天，教师通过学习平台发布课程通知，告知学生上课时间及本次课所要讲授章节。

其次，教师通过企业微信创建班级微信群，在微信群中对该班级学生进行分组。分组可以采用随机分组方式或按照固定学号分组的固定分组方式。教师向学生讲解本次课的关键知识点和难点后，梳理本节需掌握的主要知识点：他励直流电动机的机械特性的定义、机械特性方程式、什么是固有机械特性、什么是人为机械特性、人为机械特性的影响因素有哪些。在学生明确知识点后，教师向学生发布电机及拖动基础的慕课短视频学习网址，学生带着问题通过慕课学习课程。在这一过程中，学生可以记录下相应的重点、难点以及疑问。

在阶段性学习后，教师安排学生分组，要求学生在指定时间内对知识点进行组内讨论，并指定组长记录本组所有问题。为避免小组间互相干扰，在这一过程中，学生可以自行建立微信组，开展小组内部讨论。

组内讨论结束后，教师在班级微信群中发布讨论完毕通知，每组组

长向教师提出本组问题，教师收集所有组的问题。根据课堂时间，教师回答所有问题或选择回答具有代表性的问题。同时，教师还可以收集学生的课堂感悟。

为测试学生的学习情况，教师在答疑后，可以通过网络学习平台的限时选择题对学生的知识掌握情况进行测试，学生通过该平台答题并提交答案。同时，教师还可以通过企业微信群随机点名以指定学生回答问题，或者要求学生通过抢答的形式回答问题。教师可以通过企业微信投屏方式对测试题进行解答。答题情况不仅可以作为平时成绩，引起学生重视，而且能帮助学生掌握关键知识点，同时还可以培养学生的独立思考能力。

最后，教师通过网络教学平台发布本次课的作业，学生完成后可以提交 Word 版作业或图片版作业，教师通过学习平台批改作业并给出相应成绩。此外，如果学生还有对本次课不懂的内容，也可通过在线学习平台留言，教师在课后回复，或者与学生进行讨论。这样教师就能够及时掌握学生的学习动态，思考如何讲授下次课程。

四、教学效果分析

由于班级内学生存在基础知识差异性，在传统的课堂教学模式下，学生掌握知识的程度不同。采用多形式混合教学模式，课程内容都可以通过网络发布于在线学习平台，教师梳理关键知识点，并通过慕课短视频开展教学。这样学生可以根据每次课的知识点，有的放矢地把控学习节奏。对分课堂的方式提高了学生在课堂上的主动性，促使学生积极思考。学生不仅提高了学习效率，还进一步提升了沟通、交流的能力，增强了在课堂中的存在感，激发了学习的主动性和自觉性。在讨论的过程中，学生能够培养独立思考能力和团队协作能力，提升创新思维能力。

五、结论

多形式混合网络教学模式是完全不同于传统教学模式的一种大胆创新。我们以互联网技术为基础，将这一教学模式与“电机及拖动基础”课程相结合，在“以人为本”的基础上，进一步体现“以学位本”，有助于学生对知识点的掌握，增强学生在学习过程中的主人翁意识，充分发挥学生的学习主动性，提高学生的学习兴趣，培养学生的独立思考能力和创新意识。

参考文献：

[1] LAGE M J, PLATT G J, TREGLIA M. Inverting the classroom: A gateway to creating an inclusive learning environment [J]. The Journal of Economic Education, 2000, 31 (1): 30-43.

[2] BAKER W. The classroom flip: Using web course management tools to become the guide by the side [C] //The 11th International Conference on College Teaching and Learning, 2000.

[3] BERGMANN J, SAMS A. Before you flip, consider this [J]. Phi Delta Kappan, 2012 (2): 25-25.

[4] 卓静. 以实验室为载体"积分换学分"弹性学分制教学模式的探索与实践——以服装与服饰设计专业为例 [J]. 轻纺工业与技术, 2019 (7): 145-146.

[5] 王李冬，安康，曹世华. 基于移动微课平台的"弹性翻转课堂"教学模式探讨 [J]. 高等理科教育, 2017 (2): 69-73.

[6] 焦雪萍. 美国中小学混合式学习理论及其实践研究 [D]. 上海：华东师范大学, 2016.

[7] 蔡苏，宋倩，唐瑶. 增强现实学习环境的架构与实践 [J]. 中国电化教育, 2011 (8): 114-119.

[8] 王李冬，安康，曹世华. 基于移动微课平台的"弹性翻转课堂"教学模式探讨 [J]. 高等理科教育, 2017 (2): 69-73.

[9] 向楠. 学习只为考试找工作——70.5%受访者认为当下大学生学习功利性太强 [N]. 中国青年报, 2010-10-28 (7)

[10] 张鹭远. "慕课" (MOOCs) 发展对我国高等教育的影响及其对策 [J]. 河北师范大学学报, 2014 (2): 116-121.

[13] 佳雨刘，海爽关，建民张. 基于对分课堂教学模式的智能控制课程教学研究 [J]. 教育研究, 2020, 3 (1): 112-113.

[14] 叶志翔，王红玲，李荣，等. 基于教育大数据的网络学习行为分析模型的研究 [J]. 教育现代化, 2019 (85): 210-211.

计算机导论课程提升大学新生编程思维能力探讨

贺玲玲

摘　要： 信息化水平是衡量一个国家和地区的国际竞争力、现代化程度、综合国力和经济成长能力的重要标志。然而应届毕业生往往因为编程能力不足、编程思维不清晰、编程规范性不够而达不到用人单位的要求。传统的计算机专业培养方案都将计算机导论课程作为计算机专业的入门课程，在教学过程中做到理论联系实际，深入引导学生进行程序设计、锻炼学生逻辑思维能力显得尤为重要。本文以 Python 语言为编程工具，通过设计一套由浅入深的编程题集来夯实大学新生的编程基础，这对学生树立专业学习信心和提升实际编程能力具有明显效果。

关键词： 计算机专业；计算机导论；编程能力；Python；编程题集

2018 年 1 月，教育部发布《普通高等学校本科专业类教学质量国家标准》。专业认证的要求和计算机技术的快速发展，必然引起计算机专业的基础类课程的内容调整和优化，使高校计算机科学与技术专业培养以新工科理念为指导思想，紧跟大数据智能化的最新发展，强化以应用型人才培养为导向的人才培养方向，特别强调培养应用型人才。对于计算机专业类人才而言，编程就是最为典型的应用，编程能力的提升就是学生和用人单位提高满意度的最大保证。计算机导论课程立足计算机专业课程领域，以专业基础课为主，专业课为辅，是计算机专业重要的专业入门类课程。如何在教学过程中做到理论联系实际，引导学生进行程序设计、锻炼学生逻辑思维能力是教学改革的方向。

一、问题分析

（一）大学新生编程零基础

当今社会越来越重视对青少年编程能力的训练，一些家长为了让孩子轻松掌握程序语言设计技能，培养逻辑思维和项目工作能力，从小就让孩子进入少儿编程培训班，训练孩子的编程逻辑思维。但绝大部分家长为了让孩子能考上好的大学，通常选择在课业负担较重的中学时代自动回避计算机。相当一部分学生来自农村，对计算机接触较少，更别说编程能力的锻炼。事实上，大部分大学新生对编程没有任何基础，对是否能学好计算机专业相关课程缺乏信心。

（二）原有的计算机导论课程缺乏对专业学习的支撑

传统的计算机专业入门课程都根据计算机导论来讲述一些计算机的基础知识。笔者查阅各个出版社出版的《计算机导论》教材，发现计算机导论理论课通常介绍计算机专业的知识体系结构，如计算机的组成、操作系统、计算机网络、应用软件之间的关系等；实验课通常讲述常用办公室软件应用等。理论课教学内容的专业性较强，对于大学新生来说很抽象，理解起来较为困难，学生普遍无法掌握相关的理论知识，也没有办法在这些知识之间建立起联系。计算机导论课程无法起到引导学生入门的作用，也不利于培养学生的编程思维方式和解决问题的能力，还打击学生的专业学习积极性和自信心。办公软件使用类的实践教学，对专业知识的介绍明显不足，也没有办法让学生通过学习使用办公软件来理解本专业。

（三）难以满足专业认证的要求

专业认证会重点考察“五个度”，分别是专业培养目标与培养效果的达成度、专业定位与社会需求的适应度、教师及教学资源的支撑度、质量保障体系运行的有效度、学生和用人单位的满意度。不管从哪个“度”来看，计算机专业的毕业生都必须具有解决实际工程问题的编程能力，而计算机导论课程作为计算机专业的编程入门课程，不及早在教学中引导学生的编程思想，势必造成后续课程的学习压力大、学习效率低，培养的学生也就无法达到工程认证的要求。

二、教学改革方案的实施

（一）选取 Python 作为计算机导论实验课教学语言

未来十年左右将是大数据、人工智能技术爆发式发展的时代，大量的数据需要处理。Python 是一种面向对象的直译式计算机程序设计语言，语法简捷而清晰，具有丰富和强大的类库，对数据的处理有着得天独厚的优势。Python 专用的科学计算扩展库很多，如 NumPy、SciPy 和 Matplotlib。它们分别为 Python 提供了快速数组处理、数值运算以及绘图功能。目前，人工智能科学领域的各种库、各种相关联的框架都是以 Python 为主要语言开发出来的。2019 年 12 月的编程语言排行榜中，Python 占有率达 10.308%，位列前三。Python 有极其简单的语法，使编程者能够专注于解决问题而不是去弄明白语言本身，非常适合编程初学者学习。

（二）结合计算机导论理论知识设计一套由浅入深的编程题集

我们把程序设计分成四个阶段并进行教学，在每个阶段都整理好一批典型的程序设计题目，将每道题目涉及的知识点、关键方法、程序结构、运行结果、常见问题分析、例程都整理成文档，以便教学使用。

第一阶段的重点是让学生实现初级入门，讲述如何在 Windows 下安装 Python 的运行环境，采用顺序结构，用特定字符（如“★”）打印出组合图案。对于这类程序，学生不需要掌握多少语法知识，也不需要搭建复杂的程序结构，只要逻辑清晰，思维简单，他们就可以在实验课上完成任务，还可以把在理论课上学习的抽象的美国信息交换标准代码（ASCII 码）在 Python 编程实践中变得具体。

第二阶段的重点是让学生了解程序设计的三大控制结构、运算表达式以及自定义函数。例如，实验题目设定为“给定常数 n（$n>0$），要求输出（$x+1$）^{n}展开式中的所有系数”。该题目是用 Python 的基本功能解决数学问题，将计算机理论课中分治法思维在实验课中充分应用。第二阶段让学生在领会相应的计算机理论知识的同时，熟悉程序结构、锻炼逻辑思维能力，还学会程序调试方法。

第三阶段的重点是让学生学会初级应用。学生自己学会整数、字符串、模块及该模块中函数的使用、编写自定义模块等。不同进制数的转换是计算机基础类理论学科的重要内容，如实验题目设定为“将 R 进制的整数转化成十进制”。在实验过程中，部分学生能对题目进行拓展，有的同学实现了 R 进制的小数转换，有的同学实现了输入数和输入进制都可以在界面设置的十进制转换程序。

第四阶段的重点是加强综合应用。学生在理论课上对 Python 语言的列表、元组、字符串、字典的创建、常用函数、文件操作等进行深入学习。实验项目设计围绕操作系统的文件系统，递归算法、分治算法、贪心算法的具体运用进行设计。例如，编程题目设定为“对存放在计算机×××路径下的纯英文字符文件 paper.txt 进行读取，并统计每个字符在文件中出现的次数”。在第四阶段，学生已经具备独立编程思维，对同一道编程题目有多种不同的实现方法。

2019 级编程零基础大学新生编程实例如图 1 和图 2 所示。

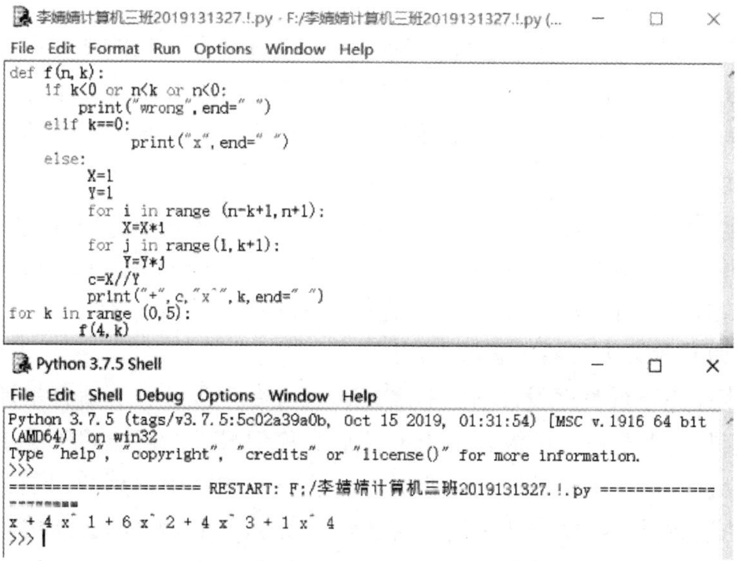

```
李婧婧计算机三班2019131327.!.py - F:/李婧婧计算机三班2019131327.!.py (...
File Edit Format Run Options Window Help
def f(n, k):
    if k<0 or n<k or n<0:
        print("wrong", end=" ")
    elif k==0:
            print("x", end=" ")
    else:
        X=1
        Y=1
        for i in range (n-k+1, n+1):
            X=X*1
        for j in range(1, k+1):
            Y=Y*j
        c=X//Y
        print("+", c, "x^", k, end=" ")
for k in range (0, 5):
    f(4, k)
```

```
Python 3.7.5 Shell
File Edit Shell Debug Options Window Help
Python 3.7.5 (tags/v3.7.5:5c02a39a0b, Oct 15 2019, 01:31:54) [MSC v.1916 64 bit (AMD64)] on win32
Type "help", "copyright", "credits" or "license()" for more information.
>>>
===================== RESTART: F:/李婧婧计算机三班2019131327.!.py =====================
x + 4 x^ 1 + 6 x^ 2 + 4 x^ 3 + 1 x^ 4
>>>
```

图 1　学生编程实例 1

（三）丰富网络教学平台的内容

笔者在自己的网络教学平台设计了一套试题库，目前共有 675 道试题，主要是选择、填空、判断和应用类的经典题目，涵盖课程涉及的基础知识，以便于让学生检验课程内容掌握情况。试题内容包括适应工程认证的计算机软硬件、操作系统、计算机网络、软件工程，Python 的编程思想、逻辑处理，各种表达式、数据类型、重要的内置函数、字符串、序列、字典使用方法、程序运行异常抛出的错误信息等。试题库中也包含少量的编程题目，便于学生在课余时间训练自己的编程能力。

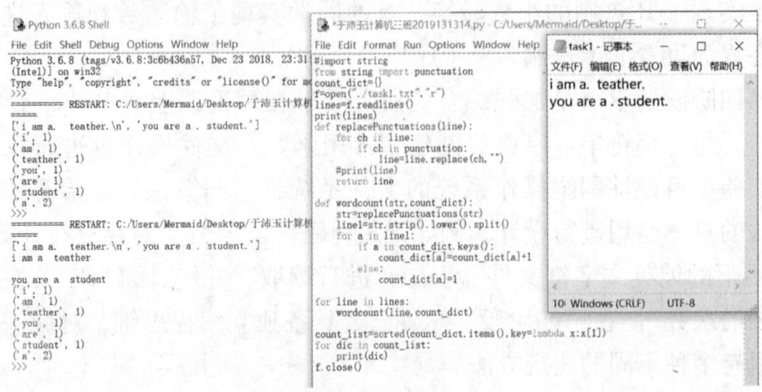

图 2 学生编程实例 2

笔者在网络教学平台建立讨论群，主要讨论本课程的学习内容、课程学习答疑、编程示范教学、试题库题目解析、优秀案例分享等，让学生在学习过程中遇到的问题能够及时得到解答，也方便师生对共性问题及时分享。

在实际学习中，讨论群里的问题不仅仅由指导教师来回答，学生也经常相互回答学习中遇到的问题。特别是在大一新生中，学生在回答别人提出的问题时，都认为很有成就感，对提高学习兴趣很有好处。

（四）设计专用的实验报告模板

针对 Python 程序设计的实验需要，笔者专门设计一套适合本课程使用的实验报告模板。模板除了用于日常实验记录外，还能用于展示编程前的分析过程、编程时解决问题的方法、程序调试中遇到的问题、程序运行结果截图、程序设计所运行的知识点等。每个学生都必须按照这个模板提交实验报告，实验报告模板对学生梳理编程思路、学会编程后的总结都非常实用。

三、改革效果

计算机导论课程的理论课共 32 个课时，实验课共 32 个课时。在重庆工商大学 2019 级计算机专业的 3 个班级中，笔者在计算机导论课程的教学中选择以 Python 语言为工具，将理论知识与实验充分融合，由浅入深地引导学生进行程序设计，锻炼学生的逻辑思维能力。

学期结束后，笔者对本门课程的期末考试理论成绩做了统计，3 个班合计 127 人，90 分以上有 35 人，80 分以上有 36 人，70 分以上 38 人，及格率达到 98%，平均分达到 80.52 分，远远超过前几届计算机专业同门课程的考试成绩。

在计算机导论实验课中，笔者摈弃传统的实验教学内容和方法，用 28 个课时重点引导学生利用 Python 语言进行编程练习。笔者在课时不足的情况下，实施分层教学模式，遵循高标准、严要求的思路，使学生的编程能力有不同程度的提升。部分学生在学习后期后悔之前没有跟着教师的思路走，掉了队，感叹和同班同学拉开了差距；有的学生在假期又买了 Python 教材，准备强化训练；有的学生在新学期开学后保持对 Python 的喜爱，在 QQ 群里向老师咨询问题。

本门课程结束后，笔者还收到了部分学生的肯定性反馈。从他们反馈的信息来看（见图 3、图 4、图 5），学生从最初的害怕计算机专业的学习转变为对计算机专业的学习充满信心，对编程产生了浓厚的兴趣，感觉自己踏进了计算机专业的大门，同时对笔者所采用的教学方法也非常认可。笔者根据这些反馈信息，也可以进一步坚定教学改革的信心和决心，力争做得更好，让计算机导论这门课程成为计算机专业类学生学好计算机编程知识的垫脚石。

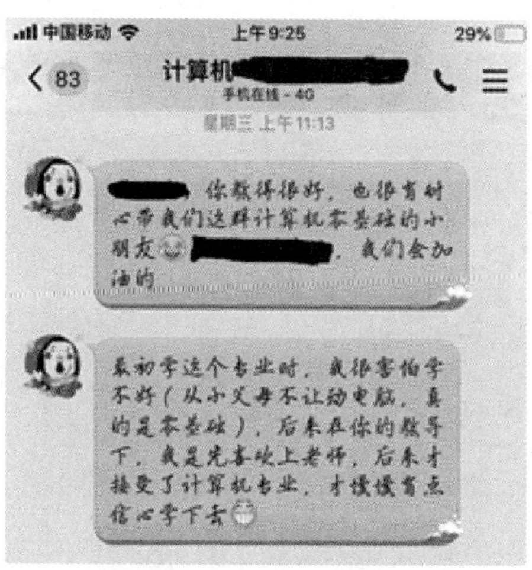

图 3　学生信息反馈示例 1

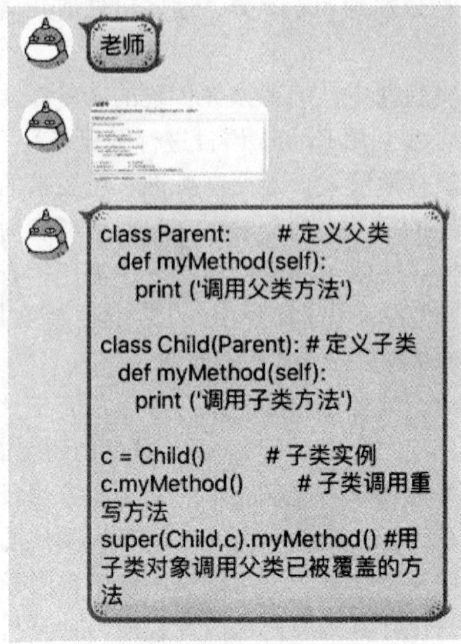

图 4　学生信息反馈示例 2

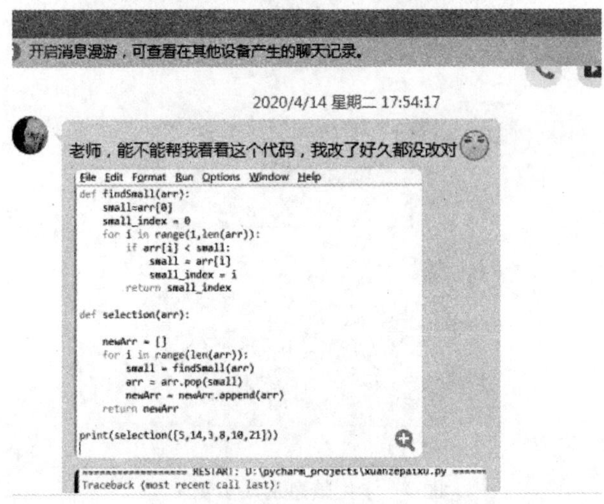

图 5　学生信息反馈示例 3

四、结语

针对工程教育专业认证的要求，计算机科学与技术专业以新工科理念为指导思想，紧跟大数据智能化的最新发展，强化以应用型人才培养为导向的人才培养方向，特别强调培养应用型人才。作为计算机专业类人才，需要学会的最为典型的应用就是编程，编程能力的提升就是学生和用人单位提高满意度的最大保证。计算机科学导论在计算机科学与技术专业的教学中非常重要。笔者对计算机专业和人工智能专业新生进行教学改革，将计算机导论理论和计算机导论实验充分结合，实现相互支持。笔者在实验课教学过程中运用流程图作为教学工具，运用案例教学、问题驱动式教学方法，培养了学生的编程能力，增加了学生对计算机专业的兴趣，帮助学生打开了计算机专业的大门。

参考文献：

[1] 沙行勉. 计算机科学导论 [M]. 2版. 北京：清华大学出版社，2016.

[2] 沙行勉. 编程导论 [M]. 北京：清华大学出版社，2018.

[3] 瞿中，伍建全. 计算机科学导论 [M]. 5版. 北京：清华大学出版社，2018.

[4] 薛景，陈景强. Python程序设计基础教程 [M]. 北京：人民邮电出版社，2019.

“双一流”建设背景下数据库原理教学改革探讨

张世勇

摘　要：本文通过分析作为大数据和人工智能技术基础的数据库原理课程，结合国家建设世界一流大学和一流学科的背景，提出了运用新理念重构数据库技术课程体系；引进和培养“两手抓”，提高师资队伍质量；通过教学设计加强实践；改变考核方式等措施来改进和完善目前的理论与实验教学。这些措施运用在数据库原理课程的教学中，使教学效果得到改善，学生的创新能力得到明显提升。

关键词：“双一流”；数据库；改革

一、引言

本科课程改革一直是我国高等教育理论和实践中的一个热门话题，自2015年10月中共中央、国务院作出建设世界一流大学和一流学科的重大战略决策以来，对于本科课程改革的研究和探讨更是空前热烈。教育部在《教育部关于一流本科课程建设的实施意见》中指出：“课程是人才培养的核心要素，课程质量直接决定人才培养质量。为贯彻落实习近平总书记关于教育的重要论述和全国教育大会精神，落实新时代全国高等学校本科教育工作会议要求，必须深化教育教学改革，必须把教学改革成果落实到课程建设上。”目前人工智能呈现井喷式发展，智能化正在深刻改变人们的生产生活，相关应用在各个领域相继出现。各国政府、高校、企业、研究机构纷纷在大数据和人工智能领域布局，特别是发达国家把发展人工智能作为提升国家竞争力、维护国家安全的重大战略，加紧出台规划和政策。智能化正在重构经济结构和社会形态。数据库技术是大数据和人工智能技术的重要支撑，数据库原理课程的教学在内容、方法等方面需要因时而化，传统的数据库原理课程教学在一定程度上影响和制约着课程教学的效果。诞生于20世纪60年代末的数据库技术应用广泛，几乎所有软件系统的开发都需要数据库支持。它既是分布数据库和并行数据库管理信息系统、决策支持系统的基础，也是人工智能、大数据等技术的基础。数据库已经从一种专门的计算机应用发展为现代计算环境中一个不可或缺的重要成分，有关数据库系统的知识已成为计算机科学教育中的一个核心部分，是计算机科学与技术专业、人工智能专业以及相关学科的专业核心课程。数据库原理课程不但是软件工程、Web开发技术、软件项目管理、中间件技术、大型数据库和云计算及应用等课程的基础，而且对于学生运用、设计和维护数据库能力的培养以及职业素质的养成具有十分重要的作用。数据库原理课程突出的特点主要体现在以下两个方面：一是该课程是众多软件类和数据处理分析类相关课程的重要基础，是教育部高等学校计算机科学与技术教学指导委员会指定的高等学校计算机科学与技术专业的一门核心课程，几乎所有软件系统的开发都要使用数据管理技术。学生要在学习相关课程之前了解数据库的基本原理，掌握数据库的设计及管理技术。二是该课程是不断发展且实践性很强的一门课程，不仅涉及数学、软件工程等多方面的知识，而且课程的逻辑性强、概念多且抽象。同时，数据库相关技术发展迅速，应用催生新技术导致新的课程教学内容不断出现，学生在学习过程中感觉有一定的难度。因此，我们应根据人才培养目标、课程特点、学生特点、数据库新技术的发展现状和时代背景等实际情况，积极开展数据库原理课程的教学改革研究与实践，探索行之有效的先进且科学的教学模式，运用最新的教学技术和手段，构建丰富的网络教学资源，实现以学生为主体的开放式教学与训练，提升师资水平，使课程具有前沿性、时代性，使课程优起来、教师强起来、学生忙起来，最终达到改善教学质量、提高学生专业素质的目的。

二、数据库原理课程改革的思路

笔者根据《教育部关于深化本科教育教学改革全面提高人才培养质量的意见》和《教育部关于一流本科课程建设的实施意见》等文件的精神，遵照相关文件中提出的总体思路、建设内容，结合数据库原理课程以及重庆工商大学的特点，提出如下改革思路：

（一）运用新理念重构数据库技术课程体系

现代信息技术发展迅速，各种新知识、新技术日新月异。通常情况下，数据库原理课堂教学内容跟不上技术发展的步伐。在“双一流”建设背景下，我们不仅要看到成熟的技术，更要看到当前的新知识、新技术的发展趋势，要兼顾知识的系统性、前瞻性和实用性，依据经济社会发展需求和人才培养目标来不断更新教学内容，让课程优起来，让课程具有前沿性和时代性。

（二）引进和培养“两手抓”提高师资队伍质量

教师在学科发展和课程建设中起关键作用，学科的发展、课程的建设依赖于教师的学术研究。我们要想在较短时间内提升学科的实力，通过校企合作引进优质师资和送教师到其他高校或培训机构培训是可行的且见效快的一种方法。

（三）通过教学设计强化实践环节

数据库原理是兼具理论与实践的课程，数据库原理实验的主要目的是通过实践来理解理论，通过实验来训练学生分析、设计和工程应用等能力。注重实验教学，加强实践环节的设计，可以使学生更好地理解和掌握抽象理论知识。此外，数据库原理课程设计应将培养学生的工程实践能力和创新能力的要求融入教学过程中，给学生预留发挥创造力的空间，让学生根据实验教学要求进行分析、设计，培养学生综合运用知识的能力以及分析和解决问题的能力、工程意识、创新能力，提高学生的综合素质。

三、数据库原理课程改革的具体措施

我们以现代教学理念为指导思想，借鉴国际教育改革的最新做法和国内一流高校的改革模式，结合时代背景以及社会需求，对课程内容、教学环境、课程实践、考核方式等方面进行系统的变革或重建，构建完整的课程教学体系、教学资源、教学内容和教学考核方式。我们遵循平等、协作、自主的教学理念，重新确立课程教学目标，优化课程内容，科学设计教学模式，创新教学方法，强化过程评价，细化考核指标体系，以项目为载体，以任务为驱动，实现从“知识传授”向“能力培养”转变，从“以教师为中心”向“以学生为中心”转变，从“成绩导向”向“成果导向”转变，以适应大数据智能化时代社会的需要。具体措施如下：

（一）优化调整教学内容，实现精准协作和辅导

教师科学选择和使用教材，按照记忆、理解、分析、综合、判断和运用等认知目标层级，全新编写和调整课程教学内容。数据库原理课程的主要内容如下：一是数据库基本知识，包括数据库基本概念、关系的形式定义、关系代数、结构化查询语言（SQL）、数据库的安全性与完整性。二是数据库设计知识，包括函数依赖、第一范式（1NF）、第二范式（2NF）、第三范式（3NF）、巴斯范式（BCNF）、数据库设计的基本步骤、数据库编程接口。三是数据库系统知识，包括查询优化、数据库恢复技术和并发控制技术。四是数据库相关新技术，包括数据仓库与联机分析处理、并行数据库、大数据。对于上述内容，教师结合人工智能在深度学习算法（CNN、RNN）、路径规划算法、大数据、云计算、语音识别、自然语言处理、计算机视觉、无人机、自动驾驶、虚拟助手、虚拟客服、商业智能等方面的应用进行重新梳理和调整，增加新技术，删掉过时的内容。

经增减合并后形成的新的教学内容如下：一是数据库管理系统（DBMS）的四大核心功能，主要包括数据库基本概念、关系的形式定义、关系代数、结构化查询语言（SQL）、数据库的安全性和完整性、数据库恢复技术和并发控制技术。二是数据库设计知识，主要包括函数依赖、范式、数据库设计的基本步骤、数据库编程接口。三是相关新技术，主要使用大数据技术中用得比较多的 MemSQL、Not Only SQL（NoSQL）、Spark SQL 作为例子向学生讲解，其中 MemSQL、NoSQL、Spark SQL 是新增加的内容。MemSQL 是基于内存的分布式关系数据库，NoSQL 针对的是半结构化或非结构化数据，Spark SQL 是运行在 Spark 上能使 SQL 查询的速度得到 10~100 倍的提升的一种新的 SQL 引擎。第三部分是结合大数据、人工智能环境而增加的内容，减掉了偏理论的查询优化部分。

教师使用多年的教学历史数据和当前学生的学习数据，使用目前人工智能中的机器学习算法去逐一了解每个学生，发现学生的学习行为模式，从学生表现中收集各种观点，发现学生存在大量问题的地方，针对学生的不同问题形成不同的材料、练习和教学内容，针对学生学习的缺陷给予精准辅导。

（二）转变教学角色和教学方式，实现自主学习

教师从主讲的角色转变为学习方法的设计者、教学环境的营造者、教学的引导者和高级学习伙伴；把学生转变成知识的积极构建者、发现

者和改造者，而不是被动接受知识的人；把师生关系从机械的、僵化的和制度化的单一模式转变为人性化的、和谐的和点对点的多元模式。师生间进行平等的、讨论式的教学，让学生不是在被动模式下获得知识，而是在积极的探究中理解知识和获取经验。

教师采用一些有别于传统教学手段的教学方法。第一，使用微视频教学法。针对课程中的重难点内容，如关系规范化理论、数据库设计的需求分析、概念结构设计部分，教师先录制教学微视频，学生在课前利用微视频预习。在课堂上，教师使用案例进行教学。课后学生结合教师课堂讲解和微视频及时进行巩固复习。第二，使用翻转课堂教学法。对于 MemSQL、Not Only SQL（NoSQL）、Spark SQL 等内容，教师自行制作教学视频，或者教师指定慕课网站，学生利用网络自主学习，之后教师在课中答疑解惑，学生利用网络复习。第三，建立或利用教学资源，突破时间和空间的限制，建立覆盖教室、校园、社会的全方位教学场域观和课前、课中、课后相统一的教学时间观，有效利用场域内的各种教学资源，充分利用课外时间学习，破解课时难题。

（三）改变实践教学模式，实现理论实践一体化

教师丰富课程实践教学环节设计，使学生能够通过实践活动体验实验方案的设计、实际案例的分析。教师在实践课程的设置方面采用层次化的设计，针对不同的难易程度和适用程度设计不同层次的实验。在授课过程中，教师以“知识讲解案例化”的方式将情境教学引入课堂，贯穿启发式、案例式、讨论式、参与式等教学法，将知识重点和难点融入案例中讲解。同时学生必须在课内学习的基础上，在课外时间对课内的知识进行巩固和提高，做到“课内课外协作化”，以项目为载体，将多种知识融会贯通并加以应用，将工程思想贯穿数据库项目建设的全过程。以教师为主导，学生主动进行学习，可以实现互动式的教与学，做到理论实践一体化。

（四）改变考核方式，实现过程评价与期末评价相结合

教师采取多样化的考核形式，如分段式设计、小组项目设计、讨论、答辩等，对学生的课堂表现、项目讨论、重难点探讨、项目设计等学习过程给予持续性评估。期末考试可以适当改变形式和内容，不一定全采用笔试的形式，更不能只考一些概念，而应更多地考查设计能力、应用能力。教师通过这些措施来改变以期末考试为主确定学生课程学习成绩的传统方式，杜绝靠突击背诵来应付考试的情况，从制度上避免了期末

考试分数很高，但实际分析问题、解决问题的能力很弱的现象，成绩评定更合理，从而也能激发起学生学习的积极性和主动性。

四、结论

在互联网技术、人工智能技术飞速发展，“双一流”建设的大背景下，数据库原理课程现有理论和实验内容、教学方式方法都应做出相应的改变，教育观念、教学内容、教学方法、实验内容、考核和评价方式都应顺应时代做出改变或者更新，激发学生的学习兴趣，引导学生主动学习，把网络学习作为课堂学习的重要补充。

参考文献：

[1] BRYANT R. The research of big data and cloud computing technology [J]. Information Systems, 2017, 3 (5): 98-109.

[2] XIAOLONG JIN, BENJAMIN W WAH, XUEQI CHENG, et al. Significance and challenges of big data research [J]. Big Data Research, 2015, 2 (2): 59-64.

[3] 刘春颖. “数据库原理”课程教学改革与探索 [J]. 科教导刊, 2016 (2): 130-131.

[4] 曾萍. “双一流”建设背景下《工程制图》课程建设探讨 [J]. 贵州农机化, 2019 (4): 50-51.

[5] 刘冉. “双一流”建设背景下高校综合改革路径研究 [J]. 教育评论, 2019 (11): 28-33.

[6] 罗丽燕, 等. “双一流”建设背景下数据结构课程教学初探 [J]. 导学教育, 2020 (3): 80-82.

智慧教育背景下高校教师角色定位探讨[①]

张小莉

摘　要：本文从传统教育的现状和困惑出发，分析智慧教育的特点及智慧教育背景下高校教师应该具备的能力和素质，探索在智慧教育背景下高校教师角色的转化和定位。本文为高校教师的自身专业发展、教学理念的转变、信息化教学技能和终身学习能力的培养、实际课堂教学能力的提升等方面提出了建设性的意见。本文主张高校教师利用新技术和平台营造智慧学习环境，以学生为中心，创新个性化和多元化的智慧教学方法，引导、协助、促进学生开展智慧学习，提升学生的能力。

关键词：智慧教育；高校教师；角色定位

一、引言

为深入贯彻落实党的十九大精神，积极推进“互联网+教育”发展，2018年4月13日，教育部印发了《教育信息化2.0行动计划》。《教育信息化2.0行动计划》“四、实施行动”中“（七）智慧教育创新发展行动”强调：“以人工智能、大数据、物联网等新兴技术为基础，依托各类智能设备及网络，积极开展智慧教育创新研究和示范，推动新技术支持下教育的模式变革和生态重构。”这是首次在我国官方文件中出现了“智慧教育”的概念，并将之作为创新发展的领域。2019年2月23日，中共中央、国务院印发了《中国教育现代化2035》，把建设高素质专业化创新型教师队伍作为教育现代化的十大战略任务之一，强调要夯实教师专业发展基础，推动教师终身学习和专业自主发展。

智慧教育是以计算机、物联网、云计算、大数据、移动通信等新兴

①　基金项目：重庆工商大学教育教学改革与研究项目“‘新工科’建设背景下大学计算机教学改革探索与实践”（项目编号：2018223）。

信息技术为基础打造的智能化教育信息系统，是教育信息化发展的高级阶段。实现智慧教育除了必需的软硬件基础设施建设以外，高校教师应当认真分析智慧教育与专业教学之间的内在联系，认清新形势下面临的机遇与挑战，不断增强高校教师队伍的智慧化意识和提升各项智慧化教育能力，探索出由传统教师角色向智慧型教师角色转变的路径。

二、传统教育的现状与困惑

（一）教师专业发展现状

传统教育以教师为中心，以教材为载体，以考试为目标的教学方式极大地降低了教师在本专业积极探索的热情。学生人数多、教学工作量大、没有充分利用信息技术、工作单调重复、机械劳动的成分较多等因素导致教师工作负担重，不能把更多的精力投入专业研究和创新教学方法的研究中，从而导致教师对本学科或专业在信息化时代的发展方向和脉搏都无从把握，固守旧的知识体系和框架，不能与时俱进，更不能给学生传授最新的专业知识和指明专业发展的方向，阻碍了对学生创新能力的培养。

（二）学生学习现状

在以教师为中心，以教材为载体，以考试为目标的教学氛围中，学生被动参与教学活动，被动地从教师和教材中接受知识。教学仍然沿袭着“填鸭式”教育的老路，学生学习缺乏创造力和想象力，一切都是为了和标准答案一致，缺乏自我探索的开放学习能力。原本生于信息时代的年轻一代，在这样的教育模式下却仍然出现知识面狭窄、高分低能的现象。除了课本知识和考试内容以外，学生的知识面狭窄，学习欲望不强，对自己身处的这个世界所发生的事情以及科学技术的发展进步都缺乏了解和认识，没有自己的体会。这样的学生在大学毕业后与社会需求脱节，不能满足时代和用人单位的要求。

（三）课堂教学的困惑

由于教师没有较高的信息技术素养，教学模式单一和教学环境单调，课堂成了教师的“一言堂”，学生无法参与教学活动。课后教师和学生的互动交流更少，教学效果得不到及时和真实的反馈，教学资源也难以分享给学生。部分教师僵化的思维模式和一成不变的教学模式，形成了师生之间的一道鸿沟，教师慢慢地就与被称为“网络原住民”的“90 后”“00 后”学生失去了进行良好沟通、构建和谐教学关系的机会。长此以往，教师对学生的状况了解得越来越少，教学时的针对性不强。教师不能掌握学生各方面的基础信息和背景资料数据，在教学时只能按照自己的感觉和理解来推进。尽管有的教师在自己固守的模式下竭尽全力认真施教，学生也努力被动接受，但教学效果不好，学生满意度也逐年下滑。

三、智慧教育背景下高校教师应该具备的能力

关于智慧教育，祝智庭教授指出，信息化环境下的智慧教育是指在信息技术支持下发展学生智慧能力的教育，旨在利用适当的信息技术构建智慧学习环境、运用智慧教学法、促进学习者开展智慧学习，从而培养具有正确的价值取向、良好的学习品质和较强的思维能力的智慧型人才，贯彻智慧教育理念，推进信息时代、知识时代和数字时代的素质教育。智慧教育对教师的素质和能力提出了新的要求。

（一）具备符合时代发展要求的专业能力

人类社会已经进入“智能革命”阶段，各行各业都在智能化浪潮的推动下迅速向前发展。高校是社会进步和科技发展的前沿，是为国家培养专业人才的阵地。高校教师传道授业的专业能力直接影响到人才培养的质量。在信息化、智能化时代，教师不能只停留在传统的专业层面，应该全方位探索和研究时代对本专业发展的要求与趋势，为学生提供符合时代发展要求的新知识、新技术。

（二）具备先进的智慧教育理念

智慧教育要求全面深入地运用现代信息技术以促进教育教学改革与发展，目的是让学生在接受知识的过程中有所领悟、有所体验，把所学的知识变为学生自己的智慧。教学要为学生的智慧发展服务。教师作为教学活动的策划者和实施者，应该认真学习和领悟智慧教育的理念，进行教学模式的创新，并在智慧教育理念指导下，重新定义知识传授与能力培养、教材内容与教学内容、教师与学生、实体课堂与泛在课堂、教学过程与教学结果之间的关系。教师应将整合和建构智慧学习环境、设计创新智慧教学方法、发展学生智慧能力、培养智慧型人才作为自己的职责。

（三）具备良好的信息技术素养和数据分析能力

在信息技术、计算机技术和通信技术高速发展的今天，教师应具有良好的信息素养，积极学习，灵活掌握和应用这些技术为教学服务。同时，教师需要把握大数据时代的特征，用大数据思维应对各种学生行为

数据、成绩数据、教学资源数据、教学相关表格数据等。一方面，教师应能对数据进行解读和诠释，将数据转换为教学辅助信息，并将该信息运用于知识的传授过程，继而发现问题、总结规律并预测趋势。另一方面，教师应能够及时发现教学问题，积极进行教学研究，探索出解决问题的最佳方案以指导教学工作，使教学工作向更好的方向发展。

（四）具备终身学习的激情和能力

教师作为智慧教育的践行者应该紧跟计算机、大数据、云计算、物联网、移动通信等技术的发展，将这些技术的成果应用到学习和教学中。教师应充分利用网络平台资源进行自主学习，提升专业素养，保持对新知识、新技术的好奇心和学习激情，培养终身学习能力。只有这样，教师才能不断适应时代发展的需求，使自身专业发展和教学能力更加符合培养智慧型人才的需要。

四、智慧教育背景下高校教师角色的转化

智慧教育已经逐步将信息技术、计算机技术和通信技术的成果运用到教育教学领域的各个方面，包括教育管理、教育教学和教育科研等。在高校的教育教学体系中，教师是最为重要的组成部分。教师的角色定位对整个教育教学效果起着至关重要的作用。通过前面的分析可知，智慧教育对高校教师各方面的能力和素质都提出了新的标准和要求。高校教师应对照新形势下的新要求对自身在教学中担任的角色进行深入分析、重新定位，以适应智慧教育背景下高等学校教育教学的发展。

（一）教师是教学活动的设计者

智慧教育理念认为，教学是教师与学生、学生与学生之间在教学活动中共同学习、共同分享、共同提高的过程。传统的教学理念认为，教学应以教师为中心，教室成了教师的“一言堂”，学生处于被动状态，这不利于学生自主学习和培养创新能力。智慧教育背景下，教师作为教学活动的设计者、组织者和开发者，应着力建立“以学生为中心，教师为主导”的平等、民主的师生关系，从而促进师生之间形成相互沟通、相互关注、积极互动、共同发展的良好教学关系，使学生能够充分参与到教学活动中，最大限度地调动学生的主观能动性，让学生成为教学活动的主角。智慧教学的核心就是师生之间应该具有平等、民主的关系，在这种关系下教师会更加尊重学生认知水平的差异化和需求的个性化，为学生设计开发出启发式、探究式、案例式的多种智慧教学方法。

（二）教师是师生协同学习的组织者

智慧教育理念认为，教学过程是教师与学生之间为实现教学目标，围绕优化课程内容，运用合作、对话、沟通、探究等方式，动态构建、管理、更新、推进教学内容的过程。在如今的“互联网+大数据”时代，知识获取的渠道更多，知识的更新频率越来越快。单纯从纸质教材中获取的知识无论是在容量、更新速度上，还是在深度和广度上都难以满足信息化条件下教学的需要。教师可以组织学生以学科知识的基本要求为主导，以学生为主体，根据课程教学目标建立虚拟班级、兴趣小组、项目团队等协同学习小组。教师应指导学生将获取知识的渠道从单一的纸质教材扩大到各种知识数据库、网络学习平台。教师应通过查阅资料、小组讨论、撰写项目研究报告、分享答疑等方式对学科知识进行梳理、整合、学习，自主构建能满足课程教学需要的教学内容，在这种原则下形成的教学内容是持续动态更新的，符合不同阶段的知识更新要求以及不同学生的个性化需求。这种以“学科知识为主导，以授课对象为主体”的师生协同学习模式能够让学生深刻感觉到课堂教学开发了自己的智慧；感觉到自己既是知识的学习者，也是知识的传授者；既在学习书本知识，又在协同学习中构建新的知识，真正达到了智慧教育提倡的教师与学生、学生与学生之间在教学活动中共同学习、共同分享、共同提高的教学新境界。

（三）教师是智慧学习环境的构建者

智慧学习环境提供了智慧教育的基础平台和技术支撑，教师应致力于改善“以实体课堂为中心”的教学环境，利用新的信息技术、网络教学平台和校园网等，构建全方位、跨时空的按需学习环境，将实体课堂的教学内容和教学方式延伸到基于信息技术的泛在课堂上。作为智慧学习环境的构建者，教师应熟练运用基于新一代互联网技术的校园网，多媒体电子教室，电脑、平板电脑、手机等智能终端设备以及在线学习平台、微信公众号平台、QQ 等，构建“实体课堂+泛在课堂”的智慧学习环境。教师应在智慧学习环境中为学生设计制作丰富的教学资源，除必备的各种教学文件和资料外，还应按照课程教学体系的要求将理论和实验教学内容、案例、习题分析、实验操作演示、疑难问题讲解等制作成不同系列的微课和微视频。在智慧学习环境中实体课堂与泛在课堂相互支持、相互补充，教师可以设计实施针对不同学习环境、不同授课对象、不同教学阶段的线上线下混合教学方式。师生之间能够做到“一对多”

和“一对一”的沟通与交流，学生之间能够进行协作学习，师生之间平等、民主、亦师亦友，教与学相互融合，教与学共同提高。

（四）教师是学习过程的评价者

传统教育中教学效果的评价主要采取以闭卷命题定时考试为主的“一锤定音”模式。智慧教育背景下，教师应该成为学生学习过程的评价者，建立面向过程的多元化课程考核方式。智慧教育对教学过程的重视程度高于对教学结果的重视程度。重视教学过程，实际上就是对学生发展、成长、成才过程的重视与关注。不同学生甚至同一学生，在这一过程的每一个环节中所付出的劳动都是不一样的；同样，教师在这一过程中可以通过对学生学习过程的评价反思自己的教学过程，解决教学环节中存在的问题，再将更加完善的教学方式运用到教学中，改善学生的学习效果。因此，教师作为学习过程评价者的积极作用以及所采取的有针对性的措施是教学效果和教学质量得到提升的关键。

五、结语

智慧教育是教育信息化发展的高级阶段。智慧教育对高校教师的专业能力和信息化素养都提出了更高的要求，同时也给广大教师的职业生涯带来了更加广阔的发展空间。在这个机遇与挑战并存的时代，高校教师角色的转化和重新定位是智慧教育能否成功实施的关键。智慧教育背景下高校教师不能只做书本知识的“二传手”，更重要的任务是树立以学生为中心的职业观，引导、激励、启发、协助学生去学习知识、探索知识、构建知识、应用知识；充分利用现有的新技术和平台整合构建智慧学习环境，加强师生互动，促进学生按需学习；关注每个学生的个性化和多元化发展，创新智慧教学方法；引导并协助学生发现自己的长处；激励学生开展智慧学习，提升能力。

参考文献：

祝智庭. 以智慧教育引领教育信息化创新发展［J］. 中国教育信息化，2014（5）：4-8.

基于eNSP仿真的网络PPP协议实验教学设计探索①

杨　莉

摘　要： 点到点协议（PPP协议）是计算机网络课程中一项非常重要的内容，涉及相当多的网络工作原理，传统实验手段较难实现其教学目标。本文利用eNSP仿真软件模拟真实环境下的仪器设备，提出了一个PPP协议实验的设计方案，并给出了具体的实验步骤。该设计可以满足学生实验实训和在课余时间反复练习的需要。

关键词： 计算机网络；虚拟仿真；PPP协议；eNSP仿真

计算机网络课程是计算机专业的核心课程，是一门理论与实践并重的课程，其中有一部分内容涉及的网络工作原理比较多，实验时对仪器设备的要求较高。传统的实验和实训教学中大都由教师做讲解与演示，学生没有机会亲自动手验证。

点到点协议（Point-to-Point Protocol，PPP）是目前使用得最广泛的数据链路层协议，它提供全双工操作，并按照顺序传递数据包，主要用来通过拨号或专线方式建立点对点连接以发送数据。PPP链路是各种主机、网桥和路由器之间进行简单连接的一种常用方案。

为了提升学生的动手实践能力，笔者提出一个利用虚拟仿真eNSP软件实现PPP协议实验的设计方案，以帮助学生利用实验室和课余时间，通过反复练习加深对这一部分内容的理解。

---

① 基金项目：教育部科技发展中心产学研创新基金项目（项目编号：2018A02049），重庆工商大学重点开放项目（项目编号：KFJJ2019106），重庆市教育科学规划项目（项目编号：2018-GX-348）。

一、PPP 协议原理和相关概念

（一）PPP 协议

PPP 协议是一个协议集，主要包含 LCP（link control protocol）链路控制协议、NCP（network control protocol）网络控制协议和 PPP 协议的扩展协议。PPP 协议在认证阶段使用到的密码认证协议（PAP）和挑战握手认证协议（CHAP）等认证方式，默认情况下是缺省的，即 PPP 链路默认不进行认证。

以太网协议工作在以太网接口和以太网链路上，而 PPP 协议工作在串行接口和串行链路上。不管是低速的拨号猫连接还是高速的光纤链路都适用 PPP 协议，计算机用户通常都要连接到互联网服务提供商（internet service provider，ISP）才能接入互联网。PPP 协议就是用户计算机和 ISP 之间进行通信时所使用的数据链路层协议。

PPP 协议经常被应用于广域网连接中，对 PPP 链路的长度没有规定，因此 PPP 协议技术也被称为一种广域网技术。

（二）PPP 协议的工作流程

PPP 协议的基本工作流程包含五个阶段，分别是链路关闭阶段（link dead）、链路建立阶段（link establishment）、认证阶段（authentication）、网络层协议阶段（network layer protocol）和链路终结阶段（link termination）。

在链路关闭阶段，PPP 协议接口的物理层功能尚未进入正常状态，只有当两个接口的物理功能都正常之后，才能进入下一个阶段。

物理连接完成以后，PPP 协议自动进入链路建立阶段，认证端和被认证端互相发送携带有 LCP 报文的 PPP 帧，即交互 LCP 报文协商若干重要而基本的参数，确保 PPP 链路可以正常工作。

PPP 协议默认缺省认证阶段，但出于对安全的考虑，一般都会进行身份认证和授权计费，常用的认证协议有密码认证协议（PAP）和挑战握手认证协议（CHAP）。

在网络层协议阶段，双方通过 NCP（network control protocol）协议来对网络层协议的参数进行协商，协商一致后，定时发送“Echo Request 报文”和“Echo Reply 报文”进行应答，PPP 链路开始工作，传递数据报文，PPP 协议会在这阶段一直工作。NCP 协议包括很多具体的内容，PPP 协议使用的 IPCP 协议是其中之一。

很多情况都会导致PPP协议进入链路终结阶段，如认证未通过、信号质量太差、光纤中断或管理员主动关闭链路等，这时PPP协议连接终止，链路不可用。若要重新启用，需要重复以上流程。

（三）PAP认证和CHAP认证

密码认证协议（password authentication protocol，PAP）是PPP协议中的一种简单链路控制协议。在完成PPP链路建立之后，被认证端首先发起认证请求，向认证端发送用户名和密码进行身份认证。认证端检验发送来的用户名和密码是否正确；如果密码正确，PAP认证通过；如果密码错误，PAP认证失败。

PAP认证过程采用二次握手机制，使用明文格式发送用户名和密码，只在链路建立之后进行PAP认证，一旦验证成功将不再进行认证检测。

挑战握手认证协议（challenge handshake authentication protocol，CHAP）是一种采用算法加密的认证方法。认证端向被认证端发送一个随机码“challenge”，被认证端根据“challenge”对密码进行MD5单向哈希算法（one-way Hashing algorithm）加密，然后把这个结果发回认证端。认证端从数据库中取出密码，同样进行MD5加密处理，比较加密结果是否相同，如果相同，则CHAP认证通过，向被认证端发送认可信息；如果不同，则CHAP认证失败。

CHAP认证对PAP认证进行了改进，不再直接通过链路发送明文密码，而是采用三次握手机制，使用密文发送信息，由认证方发起认证，从而有效避免了暴力破解。

CHAP认证在链路建立时完成，为了提高安全性，整个PPP协议连接过程中，认证端将不定时地向被认证端重复发送“challenge”，进行周期性验证。CHAP认证比PAP认证更安全，目前在远程接入环境中使用得更多。

（四）3A用户认证

在PPP协议实验中，实验者还会使用到3A用户认证，PAP认证和CHAP认证是用于PPP协议网络认证的，而3A认证是用来管理用户的。

“3A”是指认证（authentication）、授权（authorization）和计费（accounting）。3A认证是一个能够处理用户访问请求的服务器程序，提供身份认证、授权以及账户服务，主要目的是管理访问网络的用户，为具有访问权的用户提供支持。3A认证通常同网络访问控制、网关服务器、数据库以及用户信息目录等协同工作。

（五）网络仿真软件

现在主流的生产厂商都研发有各自的网络仿真软件、如 Cisco Packet Tracer、eNSP、HCL、GNS3 等，这些软件均设计成熟，具有良好的图形界面，简单易用，功能强大，可以用来在计算机上搭建仿真的网络环境，进行模拟组网、配置和调试。

笔者所在的网络实验室设备是华为系列的，因此选用了 eNSP 仿真软件。eNSP（enterprise network simulation platform）是一款由华为公司自主研发的图形化网络仿真工具，主要对 AR 路由器、X7 系列交换机、云、个人电脑终端、防火墙、无线局域网（WLAN）等物理设备进行软件仿真，可以为用户设计、配置和排除网络故障提供仿真模拟环境。用户在图形界面上建立拓扑结构，通过数据包进行过程监控，随时观察网络实时运行情况，模拟网络工程实景，让学生突破缺乏真实设备的局限而学习网络技术。

在实际应用中，教师可以根据实验室现有仪器设备的型号选择不同的仿真软件，或者学生也可以参考自己的兴趣和今后的就业方向自行选择。

二、实验设计

笔者设计的实验将模拟一家企业的网络环境，该企业总部和分部各有一台网关路由器，要求的配置为 PPP 协议，其中 R1 是分部接入端网关，R2 是总部核心路由器。

出于对安全的考虑，网络管理员在分部访问总部时，分别尝试部署 PAP 和 CHAP 认证，只有通过认证才能建立 PPP 协议连接和进行正常访问。PPP 协议实验拓扑图如图 1 所示。

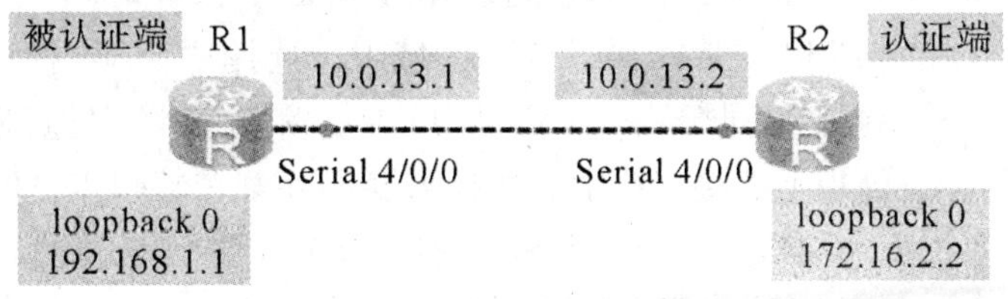

图 1　PPP 协议实验拓扑图

三、网络规划

根据图 1，本实验需要搭建一个 PPP 网络，路由器 R1 是被认证端，路由器 R2 是认证端，在 R1 和 R2 之间分别部署 PAP 和 CHAP 认证。具体各接口的实验编址规划如表 1 所示。

表 1　实验编址规划

设备	接口	IP 地址	子网掩码	默认网关
R1	Serial 4/0/0	10. 0. 13. 1	255. 255. 255. 0	N/A
	Loopback 0	192. 168. 1. 1	255. 255. 255. 0	N/A
R2	Serial 4/0/0	10. 0. 13. 2	255. 255. 255. 0	N/A
	Loopback 0	172. 16. 2. 2	255. 255. 255. 0	N/A

在表 1 中，路由器 R1 和 R2 之间使用的是串口连接，PPP 协议工作在串行接口和串行链路上，一个 PPP 网络只能包含两个 PPP 接口，每个接口被称为点，所以一个 PPP 网络经常被叫做点到点网络，这和以前实验中使用的以太网接口不一样。

表 1 中的 Serial 接口即串口，它是一种最常用的广域网接口，可工作在同步方式和异步方式下，因此又被称为同/异步串口。

四、实验过程

（一）搭建拓扑结构

实验者打开 eNSP，新建拓扑，添加路由器 R1 和 R2，型号为 AR2240，先给路由器添加串口卡。实验者在 R1 图标上单击鼠标右键，在弹出的快捷菜单中选择“设置”命令，打开设备接口配置界面（见图 2）。

实验者在“eNSP 支持的接口卡”区域中，选择“2SA”接口卡，这是一块有两个端口的同/异步 WAN 接口卡。实验者将它拖到上方的 AR2240 的设备面板上的接口槽中。如果需要删除某个接口卡，实验者直接将设备面板上的接口卡拖回“eNSP 支持的接口卡”区域即可。

在华为 AR 系列路由器中，Serial 接口是扩展的 2SA 接口卡。SA（Synchronous Asynchronous）是同/异步串口的英文缩写，主要功能是完成同/异步串行数据流的收发及处理，支持多种信号标准和波特率。

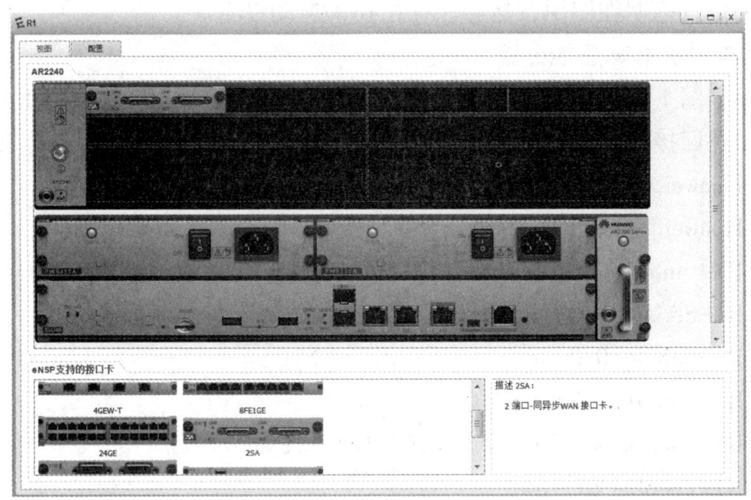

图 2　给路由器添加串口卡

路由器 R2 同理操作。需要注意的是，只有在设备电源关闭的情况下，实验者才能进行增加或删除接口卡的操作。

实验者在网络设备区选择“设备连线”，使用 Serial 串口线，连接 R1 和 R2 的 Serial 4/0/0 接口（见图 3）。

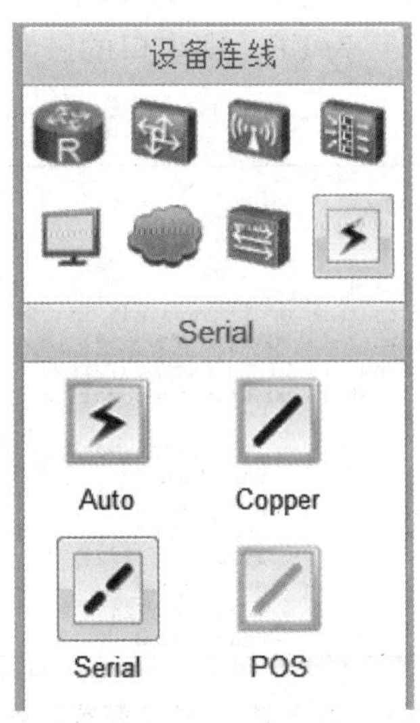

图 3　用串口线连接 PPP 网络

连接好的 PPP 拓扑图如图 1 所示，为方便查看和纠错，实验者可以将相关信息标明在图中，然后保存拓扑，启动设备。

（二）基本配置路由器

根据图 1 和表 1 的内容，实验者配置路由器 R1 和 R2 的 Serial 4/0/0 接口和环回接口。路由器 R1 的配置命令如下：

<Huawei> sys

[Huawei] sysn R1

[R1] interface Serial 4/0/0

[R1-Serial4/0/0] ip address 10. 0. 13. 1 24

[R1-Serial4/0/0] q

[R1] interface loopback 0

[R1-LoopBack0] ip address 192. 168. 1. 1 24

[R1-LoopBack0] q

为了简化操作，常用命令采用了缩写方式（注意串口和环回接口的配置方法）。配置完成后，实验者执行查看命令如下：

[R1] dis ip int b

实验者在图 4 中查看路由器 R1 的接口情况，在添加“2SA”接口卡之后，多了 Serial 4/0/0 和 Serial 4/0/1 两个串行接口。串口的 IP 地址配置完成后，Serial 4/0/0 的“Physical”为 UP，即串口的物理状态处于正常启动的状态；“Protocol”为 UP，即串口的链路协议状态处于正常启动的状态。

```
[R1]dis ip int b
*down: administratively down
^down: standby
(l): loopback
(s): spoofing
The number of interface that is UP in Physical is 3
The number of interface that is DOWN in Physical is 4
The number of interface that is UP in Protocol is 3
The number of interface that is DOWN in Protocol is 4

Interface                         IP Address/Mask      Physical   Protocol
GigabitEthernet0/0/0              unassigned           down       down
GigabitEthernet0/0/1              unassigned           down       down
GigabitEthernet0/0/2              unassigned           down       down
LoopBack0                         192.168.1.1/24       up         up(s)
NULL0                             unassigned           up         up(s)
Serial4/0/0                       10.0.13.1/24         up         up
Serial4/0/1                       unassigned           down       down
```

图 4　路由器 R1 接口配置信息

实验者查看串口 Serial 4/0/0 的配置信息。命令如下：

[R1] display interface Serial 4/0/0

如图 5 所示，Serial 4/0/0 的“Current State”为 UP，“Protocol”为 UP，都是正常的启动状态；“Link Layer Protocol is PPP”表示链路层协议默认为 PPP；LCP 链路控制协议状态为“Opened”，已经打开，但由于被认证端尚未配置，因此 PPP 链路未接通，网络层协议 IPCP 的状态为“Stopped”。

```
[R1]display interface Serial 4/0/0
Serial4/0/0 current state : UP
Line protocol current state : UP
Last line protocol up time : 2020-11-05 22:35:39 UTC-08:00
Description:HUAWEI, AR Series, Serial4/0/0 Interface
Route Port,The Maximum Transmit Unit is 1500, Hold timer is 10(sec)
Internet Address is 10.0.13.1/24
Link layer protocol is PPP
LCP opened, IPCP stopped
Last physical up time   : 2020-11-05 22:35:35 UTC-08:00
Last physical down time : 2020-11-05 22:35:31 UTC-08:00
Current system time: 2020-11-05 22:39:00-08:00
Physical layer is synchronous, Virtualbaudrate is 64000 bps
Interface is DTE, Cable type is V11, Clock mode is TC
Last 300 seconds input rate 4 bytes/sec 32 bits/sec 0 packets/sec
Last 300 seconds output rate 1 bytes/sec 8 bits/sec 0 packets/sec
```

图 5　路由器 R1 的 Serial 4/0/0 配置信息 1

实验者同理配置路由器 R2，配置完成之后，再次查看 R1 或 R2 的串口 Serial 4/0/0 的配置信息。命令如下：

［R1］display interface Serial 4/0/0

从图 6 中观察到，R1 和 R2 的网络层协议 IPCP 的状态为“Opened”，已经打开了。这是因为 PPP 链路配置连通后，认证阶段在默认情况下是缺省的，即 PPP 链路默认不进行认证就会自动进入网络层协议阶段，“IPCP Opened”，PPP 开始工作了。

```
[R2]display  interface  Serial  4/0/0
Serial4/0/0 current state : UP
Line protocol current state : UP
Last line protocol up time : 2020-11-05 23:02:28 UTC-08:00
Description:HUAWEI, AR Series, Serial4/0/0 Interface
Route Port,The Maximum Transmit Unit is 1500, Hold timer is 10(sec)
Internet Address is 10.0.13.2/24
Link layer protocol is PPP
LCP opened, IPCP opened
Last physical up time   : 2020-11-05 22:35:36 UTC-08:00
Last physical down time : 2020-11-05 22:35:26 UTC-08:00
```

图 6　路由器 R1 的 Serial 4/0/0 配置信息 2

实验者完成以上的基础配置后，在 R1 上测试连通性。命令如下：

［R1］ping 10. 0. 13. 2

Ping 连通，说明两个路由器已经连通，PPP 链路连通了，但此时 PPP 网络的安全性显然是不够的，还需要网络管理员配置认证协议。

（三）搭建 OSPF 网络

实验者在 R1 和 R2 上运行 OSPF 协议，通告相应网段到 area 0 中。实验者应注意命令中通配符掩码的用法。

路由器 R1 的配置命令如下：

［R1］ospf 1

［R1-ospf-1］area 0

［R1-ospf-1-area-0.0.0.0］network 10.0.13.0 0.0.0.255

［R1-ospf-1-area-0.0.0.0］network 192.168.1.0 0.0.0.255

［R1-ospf-1-area-0.0.0.0］q

［R1-ospf-1］q

路由器 R2 的配置命令如下：

［R2］ospf 1

［R2-ospf-1］area 0

［R2-ospf-1-area-0.0.0.0］network 10.0.13.0 0.0.0.255

［R2-ospf-1-area-0.0.0.0］network 172.16.2.0 0.0.0.255

［R2-ospf-1-area-0.0.0.0］q

［R2-ospf-1］q

配置完成后，实验者在路由器 R1 的路由表上查看 OSPF 路由信息。命令如下：

［R1］display ip routing-table protocol ospf

如图 7 所示，路由器 R1 已经学习到了 area 0 中所有相关网段的路由信息。实验者同理查看路由器 R2。

```
[R1] display  ip  routing-table  protocol  ospf
Route Flags: R - relay, D - download to fib
------------------------------------------------------------------------------
Public routing table : OSPF
         Destinations : 1        Routes : 1

OSPF routing table status : <Active>
         Destinations : 1        Routes : 1

Destination/Mask    Proto   Pre  Cost       Flags NextHop         Interface

     172.16.2.2/32  OSPF    10   48           D   10.0.13.2       Serial4/0/0

OSPF routing table status : <Inactive>
         Destinations : 0        Routes : 0
```

图 7　查看 R1 的 OSPF 路由信息

实验者在路由器 R1 上测试环回地址与路由器 R2 环回地址的连通性。命令如下：

<R1>ping -a 192.168.1.1 172.16.2.2

Ping 连通，说明整个网络已连通。

（四）配置 PAP 认证

为了提高分部与总部之间通信时的安全性，网络管理员需要在路由器 R1 和 R2 之间部署 PAP 认证。路由器 R1 是被认证端，路由器 R2 是认证端，网络管理员先在认证端 R2 上配置用户，进入 3A 视图，设置本地认证用户，用户名为 R1，密码为 123456。命令如下：

[R2] aaa

[R2-aaa] local-user R1 password cipher 123456

实验者查看配置结果。命令如下：

[R2-aaa] display local-user

如图 8 所示，除了缺省用户“Admin”之外，新建了一个名为“R1”的用户。

```
[R2-aaa]display local-user
  ----------------------------------------------------------------
  User-name                         State  AuthMask  AdminLevel
  ----------------------------------------------------------------
  r1                                A      A         -
  admin                             A      H         -
  ----------------------------------------------------------------
  Total 2 user(s)
```

图 8　查看本地 3A 用户

实验者在路由器 R2 的 Serial 接口上设置 PPP 的认证方式为 PAP。命令如下：

[R2] int s 4/0/0

[R2-Serial4/0/0] ppp authentication-mode pap

实验者在配置完成后，关闭路由器 R2 与 R1 相连的接口一段时间后再打开，使 R1 和 R2 之间的链路重新协商。命令如下：

[R2-Serial4/0/0] shutdown

[R2-Serial4/0/0] undo shutdown

实验者在路由器 R2 上检查链路状态和连通性。命令如下：

[R2-Serial4/0/0] dis ip int b

从图 9 可以看到，Serial 4/0/0 的“Physical”为 UP，即串口的物理状态处于正常启动的状态，但“Protocol”为 DOWN，即串口的链路协议状态处于没有正常启动的状态。

实验者测试 R2 与 R1 之间的连通性。命令如下：

［R2］ ping 192. 168. 1. 1

实验者发现 R2 与 R1 之间不能正常通信，这是因为此时 PPP 链路上的 PAP 认证尚未通过，现在只配置了认证端 R2，还需要在被认证端 R1 上配置认证参数。

实验者在被认证端 R1 上配置以 PAP 方式发送用户名和密码。命令如下：

［R1］ int s 4/0/0

［R1-Serial4/0/0］ ppp pap local-user R1 password cipher 123456

［R1-Serial4/0/0］ q

配置完成后，实验者多等待几分钟，使 R1 和 R2 之间完成 PAP 链路参数交换过程，然后在 R2 上检查链路状态。命令如下：

［R2-Serial4/0/0］ dis ip int b

实验者查看 Serial 4/0/0 接口的“Protocol”状态是否为 UP，如果是，说明 Serial 4/0/0 接口的链路协议状态已经启动，PPP 链路进入网络层协议阶段，开始工作了。

实验者在分支路由器 R1 上验证 PAP 的连通性。命令如下：

［R1］ ping -a 192. 168. 1. 1 172. 16. 2. 2

环回地址能连通，说明总部与分部之间的终端通信正常了。

```
[R2-Serial4/0/0]dis ip int b
*down: administratively down
^down: standby
(l): loopback
(s): spoofing
The number of interface that is UP in Physical is 3
The number of interface that is DOWN in Physical is 4
The number of interface that is UP in Protocol is 2
The number of interface that is DOWN in Protocol is 5

Interface                         IP Address/Mask      Physical   Protocol
GigabitEthernet0/0/0              unassigned           down       down
GigabitEthernet0/0/1              unassigned           down       down
GigabitEthernet0/0/2              unassigned           down       down
LoopBack0                         172.16.2.2/24        up         up(s)
NULL0                             unassigned           up         up(s)
Serial4/0/0                       10.0.13.2/24         up         down
Serial4/0/1                       unassigned           down       down
```

图 9　查看 Serial 接口的链路状态 1

（五）配置 CHAP 认证

PAP 认证使用一段时间之后，网络管理员发现网络频繁遭受攻击，

PPP 认证密码经常被盗用，于是打算将 PAP 认证方式改为安全性更高的 CHAP 认证方式。

实验者在认证端 R2 上删除原有的 PAP 配置。命令如下：

［R2］ int s 4/0/0

［R2-Serial4/0/0］ undo ppp authentication-mode

实验者在被认证端 R1 上删除原有的 PAP 配置。命令如下：

［R1］ int s 4/0/0

［R1-Serial4/0/0］ undo ppp pap local-user

实验者在认证端 R2 上配置用户，进入 3A 视图，设置本地认证用户，用户名为 R1，密码为 123456。命令如下：

［R2］ aaa

［R2-aaa］ local-user R1 password cipher 123456

实验者在路由器 R2 的 Serial 接口上设置认证方式为 CHAP。命令如下：

［R2］ int s 4/0/0

［R2-Serial4/0/0］ ppp authentication-mode chap

实验者在配置完成后，关闭路由器 R2 与 R1 相连的接口一段时间后再打开，使 R1 和 R2 之间的链路重新协商。命令如下：

［R2-Serial4/0/0］ shutdown

［R2-Serial4/0/0］ undo shutdown

实验者在路由器 R2 上检查链路状态和连通性。命令如下：

［R2-Serial4/0/0］ dis ip int b

观察发现，Serial 4/0/0 的“Physical”为 UP，即串口的物理状态处于正常启动的状态，但“Protocol”为 DOWN，即串口的链路协议状态处于没有正常启动的状态。

实验者测试 R2 与 R1 之间的连通性。命令如下：

［R2］ ping 192. 168. 1. 1

实验者发现 R2 与 R1 之间不能正常通信，这是因为此时 PPP 链路上的 CHAP 认证尚未通过，现在只配置了认证端 R2，还需要在被认证端 R1 上配置认证参数。

实验者在被认证端 R1 上配置用户名和密码。命令如下：

［R1］ int s 4/0/0

［R1-Serial4/0/0］ ppp chap user R1

[R1-Serial4/0/0] ppp chap password cipher 123456

配置完成后，实验者多等待几分钟，使 R1 和 R2 之间完成 CHAP 链路参数交换过程，然后在 R2 上检查链路状态。命令如下：

[R2-Serial4/0/0] dis ip int b

在图 10 中，实验者查看 Serial 4/0/0 接口的“Protocol”状态是否为 UP，如果是，说明 Serial 4/0/0 接口的链路协议状态已经启动，CHAP 链路进入网络层协议阶段，开始工作了。

```
[R2-Serial4/0/0]dis ip int b
*down: administratively down
^down: standby
(l): loopback
(s): spoofing
The number of interface that is UP in Physical is 3
The number of interface that is DOWN in Physical is 4
The number of interface that is UP in Protocol is 3
The number of interface that is DOWN in Protocol is 4

Interface                         IP Address/Mask      Physical   Protocol
GigabitEthernet0/0/0              unassigned           down       down
GigabitEthernet0/0/1              unassigned           down       down
GigabitEthernet0/0/2              unassigned           down       down
LoopBack0                         172.16.2.2/24        up         up(s)
NULL0                             unassigned           up         up(s)
Serial4/0/0                       10.0.13.2/24         up         up
Serial4/0/1                       unassigned           down       down
```

图 10　查看 Serial 接口的链路状态 2

实验者在分支路由器 R1 上验证 CHAP 的连通性。命令如下：

[R1] ping -a 192. 168. 1. 1 172. 16. 2. 2

环回地址能连通，说明总部与分部之间的终端通信正常，实验完成。

PPP 协议的应用非常广泛，本文基于 eNSP 软件的实验设计达到了与真实设备相同的仿真效果，完成这个实验之后，学生能更加直观地了解 PPP 协议的运作机制，加深对 PPP 相关原理和工作过程的理解。

这种真实与仿真结合的实验方式，使学生在实验过程中产生深厚兴趣，在实验中经常相互交流，快速而准确地完成实验，并且在课外反复多次练习，将枯燥的理论变成可见的实验过程，锻炼了动手能力，达到了预期实验教学效果。

参考文献：

[1] 王俊波，陈晓燕. 基于 eNSP 平台的网络课程设计与应用 [J]. 软件开发与应用，2020 (1)：95-97.

[2] 郭亮，等. PPP 协议及认证分析 [J]. 研究与开发，2018 (33)：17-20.

［3］蒋振根. 利用 eNSP 仿真软件实现 ACL 配置实训的教学设计［J］. 湖南邮电职业技术学院学报，2020（1）：25-28.

［4］华为技术有限公司. HCNA 网络技术学习指南［M］. 北京：人民邮电出版社，2014.

［5］华为技术有限公司. HCNA 网络技术实验指南［M］. 北京：人民邮电出版社，2015.